社会の授業がうまくなる50の技

Yaginuma Koichi
柳沼 孝一

明治図書

はじめに

楽しく、わかる授業が、笑顔あふれる学級をつくります。

そのためには、教師の授業力アップが必須です。

だからこそ、

「社会科の授業がもっとうまくなりたい」

という願いのもと、今もかわいい子どもたちの学級担任として31回目の道を歩んでいます。

そんな私が、前著『小学校社会の授業づくり　はじめの一歩』に続いて執筆したのが、本著『社会の授業がもっとうまくなる50の技』です。


第1章では、社会科に限ることではなく、子どもの前に立ち、笑顔でユーモアたっぷりの楽しい授業をするための5つの技をまとめました。

第2章では、有田和正先生から教材づくりのネタについて学んだことを、授業実践を通して確かめてきた中から「これだな」と実感を得た技を8つにまとめて紹介しています。

第3章では、社会科の命とも言える資料をどのように提示すれば「はてな?」が子どもたちに生まれるのかを7つの技を通して紹介しています。中でも「タイムマシンを活用する」は、日々変化する社会的事象を取り上げる社会科ならではの技ではないかと考えています。

第4章では、発問・つぶやきにかかわる8つの技を紹介しています。教師の発問力が高まったとしても、子どもたちの思考力が鍛えられていないと、楽しく、わかる授業は実現しません。そんな問題意識をおもちの先生には、「水平思考ゲームで発想力を鍛える技」を試していただきたいと思います。思考を広げることは、必ず思考を深めることに結びつきます。

第5章では、改めて板書の大切さを感じ取っていただき、板書から授業をつくっていく醍醐味を味わっていただきたいと思います。目の前の子どもたちから授業をつくる意味とその大切さがわかっていただけると確信しています。

第6章では、ノート指導にかかわる3つの技を取り上げました。中でも、社会科見学時の付箋を用いたノートづくりは、必読です。

第7章では、新学習指導要領でも話題の「深い学び」を実現する一方法を「フラワーチャート」を活用した授業を基に紹介しています。私の最も新しい技です。

第８章では、楽しい社会科の授業を支えている裏で、子どもたちを鍛え、保護者の方に担任を信じて預けてもらえる技をこっそりと４つ紹介しています。

最終第９章では、私の思いの詰まった４つの授業レシピを紹介しました。

２０２０年６月

柳沼　孝一

もくじ

第3章 資料提示がもっとうまくなる7の技

第4章 発問・つぶやきが もっと うまくなる8の技

第5章 板書が もっと うまくなる5の技

第6章 ノート指導が もっと うまくなる3の技

第7章 問題解決授業が もっと うまくなる5の技

第8章 学習内容の定着が もっと うまくなる4の技

第9章 授業のレシピづくりが もっと うまくなる5の技

第1章

楽しい授業づくりが もっと うまくなる 5の技

1

リズムとテンポで飽きさせない

「今日の授業は、えー…」

と始まる授業では、子どもたちはやがてムダ話をしたり、あくびをしたり、ひどいときは催眠術にかかったように瞼を閉じてしまったりします。

授業がもっとうまくなりたい教師なら、

「あっという間に終わった」

「楽しかった」

という子どもたちの声を聞きたいはずです。

では、どうすれば楽しく実のある授業ができるのでしょうか。

その技が、**授業をコーディネートするリズムとテンポ**なのです。

授業デザインと話術の面からリズムとテンポをつくるポイントを紹介します。

❶1時間の授業に2つのヤマ場をデザインする

例えば、導入の場面で表題のないグラフを提示します。１つ目のヤマ場です。「何のグラフだろう」と、**集中して考える時間が生まれます。**

２つ目のヤマ場は、展開場面でインパクトのあるものや資料を提示します。実物、ゲスト、映像、写真、読み物資料などです。**子どもたちの目先が変わり、授業が活気づきます。**

❷「立ちましょう」で学びスイッチを入れる

全員が答えられる問いかけをし、
「わかったら立ちましょう」
の指示で「ざっ」と全員が立ち上がります。

これで、学びスイッチが入ったことが見て取れます。導入に用いると効果的です。

また、
「この列の人は立ちましょう」
と指示します。

意図的にこのような場面を設けると緊張感のある学びスイッチが入ります。**挙手ではな**

く、あえて立たせることで一段と授業が引き締まります。

❸「あのー」「えっと…」を言わず、「間」をつくる

「あのー」「えっと…」は、子どもから想定外の反応があったときや、授業展開に行き詰まったときに出やすい言葉です。中には日常会話で癖になっている人もいますが、聞く側の集中力を妨げます。

そこで、意識して「間」をつくるようにしましょう。**「間」をつくることで、教師も子どもも考える時間が確保され、授業がぐっと落ち着き、しっとりとします。**

❹子どもの発言への返し方で授業に角度をもたせる

丁寧な対応をする教師ほど、オウム返しが多くなります。

オウム返しは、子どもに話を聞いてもらっている安心感を与える一方で、単純な復唱が多くなり間延びします。

そこで、オウム返しから掘り下げていく対話術を身につけ、**授業に角度をもたせていきましょう。**

例えば、ある子どもが「人口の変化と火災件数」のグラフを次のように読み取りました。

「人口が変化していないのに火事の件数が減っていることがわかります」

これに対して、以下のような返し方が考えられます。

「人口の変化がないのに、火事の件数が減っていることによく気づいたね」**（オウム返し）**

「人口と火災件数の関係をよく捉えたね」**（要約返し）**

「人口の変化がないのに、火災の件数が減っているのはなぜだろう?」**（問い返し）**

称賛するのか、関係性に気づかせるのか、問いを広げるのか。

返し方次第で授業の角度が変わります。

2

笑顔で明るくする

「君は授業中にずっと笑っているけど、何がそんなにおかしいのだね？　しかし、それだけ笑っていると、子どもたちは明るくなるね」

私が有田和正先生にはじめて授業を観ていただいたときの言葉です。そのときは正直うれしくありませんでした。「この先生は授業力がなく能天気な人だ」と評価されたと受け取ったからです。

しかし、今、考えると有田先生の言葉には温かさを感じます。「つまらない授業でも教師が笑顔であれば子どもたちは明るくなる」と、フォローしてくださっていたのです。

私は、教師の笑顔が子どもたちの表情や心を明るくすると確信して教員生活を重ねてきました。すると、教師の笑顔は、大きく2つに分けられることに気づいたのです。**思いきり喜びを表す「はじける笑顔」と、相手を共感的に受け止める「しっとり笑顔」**です。

❶はじける笑顔で「やったね！」

子どもがうまくいったときこそ、「やったね！」の言葉に拍手や万歳などのアクションを加えてはじける笑顔を送りましょう。

はじける笑顔をもらった子どもは、教師以上のはじける笑顔を返してきます。

❷しっとり笑顔で「いいよね」

子どもがうまくいかなかったときこそ、教師の笑顔が大切になります。

教師が意図しないことに対して、「それは違うな」「他にどうですか」などと無表情で応えてはいけません。そうすると、だんだんと発言も減ってくるでしょう。「失敗したらはずかしい」という意識が働くからです。教師は、子どもが考えたことに対し、真摯に聴く姿勢を示すべきです。

「いいよね」「なるほどね」「よく考えたね」と、認める言葉と一緒に、しっとり笑顔を送りましょう。しっとり笑顔は、その子の目を見て微笑めばいいのです。安心感が教室に広がります。

3 ユーモアの「技術」を身につける

ユーモアは、楽しい授業をつくります。

子どもたちを「わっはっは」という笑いで楽しませることが目的ではありません。ユーモアのある授業には、子どもたちが「にこっ」と微笑む、温かい空気が流れています。

また、「ユーモアのセンスがないから無理だ」と思ったらダメです。授業で発揮するべきユーモアは、**センスではなく、努力して身につける「技術」**なのです。

ポイントをいくつか紹介します。

❶社会事象を「観る」目を鍛える

社会事象を**「見る」から「観る」に変えましょう。**眺めているだけでは、ユーモアの技術は身につきません。教師自身が物事をよく観察し、

「おもしろいな」

「不思議だな」

「なぜだろう」

と感じることで、ユーモアの技術が磨かれていきます。

例えば、通勤途中に消防署があったとします。

３年生の「火事を防ぐ」で見学に訪れます。

「車庫のシャッターは開いていますか？」

と聞かれたらどうでしょう。

日々眺めて通り過ぎているだけでは答えられません。

次の日によく観ると、朝も夜も閉まっています。すると、

「緊急時に対応するためには、開けておいた方がよいはずでは…？」

という問いが生まれてきます。

ここから、授業にユーモアを取り入れるアイデアが生まれます。消防署の車庫が閉まっている写真を用意し、次のように子どもに問いかけます。

「消防署は24時間営業でなくてよいのかな？」

❷比喩表現を使う

物事の見方を変えるところにユーモアが生まれます。

有田先生の名言に「鉛筆の先から煙が出るスピードで速く書きなさい」があります。「煙が出る」という比喩表現が光ります。

子どもたちとの対話の中でも、積極的に比喩表現を使ってみましょう。例えば、

「なぜわかったの？　まるで○○みたいだね」と。

○○に何を入れますか？

❸「わざと」を演じる

教師は真面目でなくてはいけません。しかし、ずっと真面目では、子どもは窮屈に感じることでしょう。

そこで、時にはわざと間違えたり、わざと答えなかったりする場面を演出しましょう。

子どもたちから、

「先生、違うと思います」

「先生、知らないのですか？」

といった声が聞かれるような場面を演出するのです。

有田先生の、

「バスの運転手さんはどこを見て運転していますか？」

という有名な発問も、**「わざとらしさ」を演出しながら追究する視点を深めたもの**です。

❹微笑みを引き出すしぐさをする

教師のしぐさは子どもたちにインパクトを与えます。**しぐさにユーモアがあれば、教室は微笑みであふれます。**

例えば、困ったときにとんちの一休さんの考えるしぐさを真似た「一休さんタイム」。

また、教師から席が遠い子どもをほめるときに、互いに手を伸ばして上下に動かす「空中握手」などです。

微笑ましいしぐさを増やし、教室を明るくしましょう。

4

厳しさで授業を引き締める

うまい授業には、ユーモアや優しさだけでなく、厳しさがあります。

うまい授業の厳しさとは、怒鳴って指示に従わせることではありません。

子どもの思いや願いを受け止めつつ、**教師が譲れないことをブレずに実践していくことです。**

❶朝の教室に凛とした空気をつくる

うまい授業をする教師の教室はきれいです。**きれいな環境は、温かい思いやりのある子どもを育てます。**

特に、朝の教室の空気を凛としたものにしましょう。

朝の空気は、その日の学びの方向性を決めます。子どもたちが「おはようございます」

と教室に入ってきたときに、机、いすがそろっていて、机上は何もない状態になっています。掲示物は、縦横が並んでいて四隅がしっかりとまっています。

4月のスタート時にはできていたことが、時間の経過とともに崩れてしまうことがあります。そこで、子どもの登校前に、教室を前後から観る習慣をつけるようにします。毎日続けると「あれ？」と気づくことがあります。机の向きや掲示物の乱れ、ボードの書き残しなどです。

教室環境を整えることは、教師と子どもたちの感性を磨き、授業力アップにつながります。

❷蔑む笑いを絶対に見逃さない

笑いには、子ども自身や友だちを明るくする「ホッとの笑い」と、相手を蔑む「ドッとの笑い」があります。前項で述べた笑いは、「ホッとの笑い」です。

友だちの考えを尊重することなく、「変じゃない？」という感情から出るのが「ドッとの笑い」です。

「ドッとの笑い」を発信した子どもと、それにつられて笑った子どもに対して、**絶対に許されない行為であることを厳しく指導します。**

教室から「ドッとの笑い」を消し、「ホッとの笑い」でいっぱいにしましょう。

❸「だったら」であきらめない学びの姿勢をつくる

「無理です」

「わかりません」

で、思考はストップします。

問題解決学習を主とする社会の授業では、特に禁句です。

時には「無理です」と涙する子どももいます。厳しいかもしれませんが、そういう場面でも、「だったら」という言葉をキーワードに打開策を見いださせましょう。

5年生の林業の学習で「どうしたら森林荒廃を防ぐことができるか」という問題を議論していたときです。

Ａ男が、

「学級の中で林業の仕事をしたいという人はいますか？」

と、問いかけました。４人の男子が手をあげました。すると、Ａ男は、

「これじゃだめだ。女子はだれもいないじゃないか」

と憤慨したのです。

これに対し、Ｓ子は、

「林業は、力仕事だから女子には無理です」

と反論しました。

この後、無理かどうかを話し合ったところで、生産的ではありません。すると、

「だったら、林業をしている女の人がいるのか調べればいい」

との声が上がりました。

森林保全を志す女性の生き方に触れた子どもたちの、林業の見方に幅が出ました。

5 共感を生む言葉を授業マナーにする

A「そうだよね。○○さんの気持ちがわかる」
B「それ違うよ。○○さんの考えは間違っている」

Aは、友だちがなぜそのような見方や考え方をしたのかという学びの過程を大切にした発言です。認め合う温かな教室環境ができています。子どもの自己肯定感や自尊感情が育ち、主体的・対話的な学びが展開されます。

一方、Bの教室は、正解かどうかにこだわり、間違いを許さない冷たい教室で、「いいです」「違います」といった声のみが教室に響きます。やがて「間違ったらどうしよう」「どうせわかってもらえない」という心理が働き、一方的、閉鎖的な学びに陥ります。

AとBの教室の決定的な違いは、**共感を生む言葉が発せられているかどうか**なのです。共感する言葉を授業のマナーとして位置付けていきましょう。

❶「○○さんの気持ちがわかる」

３年生「交通事故を防ぐ」で、夜間にお年寄りの交通事故が多いことを知ったM男が、「お年寄りは、夜間に歩かないようにした方がよい」と発言しました。

「おかしいよ。なんて失礼なことを言うの」と反論する姿が予想されますが、「○○さんの気持ちがわかる」を授業マナーにしてきた学級は、即否定したりしません。M男の見方や考え方を尊重しているからです。そして、

「M男くんの気持ちがわかった。たぶん、用事よりも命の方が大切だと考えたからだよね。どうですか？」

と、問い返します。M男の発言を受け止めたことを伝えたうえで「私は…」と対話が続いていきます。

マナーは授業開きで確認します。教師が「○○さんの気持ちがわかるな」を連呼すると、子どもは教師が意図的に発している言葉に着目します。このタイミングで共感を生む対話の流れ（発言→おもんぱかる→○○さんの気持ちがわかる→賛同または反論→おもんぱかる→…）を示し、「○○さんの気持ちがわかる」を合言葉にすることを確認します。

❷社会科はたくさんの人に「あ・う・よ・ね」

共感を生む言葉は、友だち同士だけではありません。社会科ならではの共感を生む対象があります。それは、地域で活躍している人々や歴史上の人物です。

授業開きで「社会科はたくさんの人に『あ・う・よ・ね』」と言い、意味を説明します。

「あ」は、「ありがとうございます」

「う」は、「うれしいです」

「よ」は、「よかったです」

「ね」は、「ねがいは、〇〇です」

はじめは何のことかわからないでしょう。授業を通して「あ・う・よ・ね」の言葉を使っていきます。例えば、3年生のまちの地図づくりの振り返りで使います。

「記号をつくった人に**あ**りがとうと言いたいです。決まった記号を使うことで、だれでもわかる地図がつくれて**う**れしいです。見た人にも『わかりやすい』と言ってもらえて**よ**かったです。私の**ね**がいは、新しい記号をつくることです」

このように「あ・う・よ・ね」には、人々に対する感謝の念と平和な社会への夢と希望が込められています。

第2章

教材づくりが もっと うまくなる 8の技

6 よいネタを仕入れる

社会科の授業の良し悪しは、料理と同じく、よいネタを仕入れられるかどうかにかかっています。ネタの目利きポイントは、次の3点です。

・思わず「おもしろい」と笑顔になる
・「なぜだろう」と考えてしまう
・調べずにはいられなくなる

富山県富山市の国道8号線を自動車で運転していると、左のような標識が目に飛び込んできます。「パー」と「グー」の標識です。しかも数キロにわたり何度も。思わず「おもしろい」と笑顔になります。大人でも「よし、次は勝つぞ！」と、じゃんけんをします。

数回繰り返すうち、「なぜだろう」と考えてしまいます。チョキがありません。順番は「パー」「グー」「パー」「グー」の繰り返し。おかしいですね。なぜでしょう。調べずにはいられなくなります。

この標識の名称は「グーパー標識」です。富山河川国道事務所によると、「冬期間に除雪作業の一環として路面凍結防止のため凍結防止剤を専用の散布車で撒いている」（「パー」は散布区間の開始、「グー」は散布区間の終了を示している）とのことです。

このように、３つのポイントがつながるとよいネタが見つかります。

次ページから、良質なネタを教材化するための技をいくつか紹介します。まずは、「グーパー標識」を「きまり」が見えてくる教材へと仕立てていく過程を紹介します。

7

「きまり」が見えてくる教材をつくる

「きまり」が見えてくる教材づくりのポイントは、以下の2点です。

・具体から共通性に気づく資料を作成する
・きまりが人々の工夫や努力に関係していることに目を向けさせる

「グーパー標識」のネタをポイントにしたがって教材化した授業を紹介します。

教材名　「じゃんけん標識」交通事故を防ぐ（3年）
ねらい　「グーパー標識」を基に、雪国の交通事故を防ぐ工夫や努力を考える。

❶「グーパー標識」の具体から共通性に気づく資料を作成する

富山県を南北に走る国道８号線には、２１６セットの「グーパー標識」があります。現場に取材に行ってみると「グー」と「パー」の標識が交差点や橋に規則的に設置されていることがわかります。その規則性発見に思わず笑顔があふれます。授業者の感動を子どもたちに伝える資料を運転手目線でつくります。プレゼンテーションソフトを用いたスライドショーにしました。車内からのビデオ撮影で動画資料を用いるのも効果的です。

パーが見えました。

パーを通り過ぎます。赤の信号機が見えます。

グーはどこでしょうか？

❷きまりが人々の工夫や努力に関係していることに目を向けさせる

交差点の信号機で止まると…
グーが交差点信号機の下にありました！
つまり、パーが交差点手前にあり、グーが…

「先生とじゃんけんをしよう」

と、授業のはじめに投げかけ、道路に設置されているグーパー標識の写真を提示します。

何度かやるうちに、

「なぜ道路にあるのかな？」

「チョキはないのかな？」

「パーの先の粒々は何だろう？」

といったつぶやきが聞こえてきます。

このタイミングで、グーとパーは、富山県を走っている国道8号線に設置されている「グーパー標識」であることを明かします。

地図帳で位置を確かめた後、作成したスライドショーで規則性に気づかせていきます。

そこで、以下のように投げかけます。

「グーパー標識は何のためにあるのかな？」

水平思考ゲームで問いを引き出します。

水平思考ゲームとは、問題に対して子どもが様々な質問をして、教師が質問に対して「はい」「いいえ」のいずれかで答える方法です。質問を重ねて、問いの真相に迫るゲームです。

C　グーとパーの順番は決まっていますか？　（T　はい）

C　ごみのポイ捨てに関係していますか？　（T　いいえ）

C　じゃんけんするためのものですか？　（T　いいえ）

このようにして、1人につき1つの質問を席順にしていくと、全員参加の授業になり、活気づきます。また、水平思考ゲームに慣れてくると、推論する力が身についてきます。

このゲームを通して「『グーパー標識』とはいったい何なのか、知りたくてしかたない」という追究欲求を高めていきます。

「『グーパー標識』は道路のどこにあるのかな？　また、それはなぜかな？」

という問いのもと、国道8号線の一部分の道路地図を板書に示します。「グーパー標識」の位置を確かめながら、なぞに迫っていきます。

こうして、「グーパー標識」は、交差点の近くや橋の手前などに設置されていること、それらの場所は冬場にスリップ事故が起こりやすいこと（車がスリップしないように「グーパー標識」を目印に凍結防止剤を撒いていること）が見えてくるのです。

最後に、交通安全を守る道路管理者側の工夫や努力へと目を向けていきます。

「だれが、いつ、何か所に撒くのかな？」

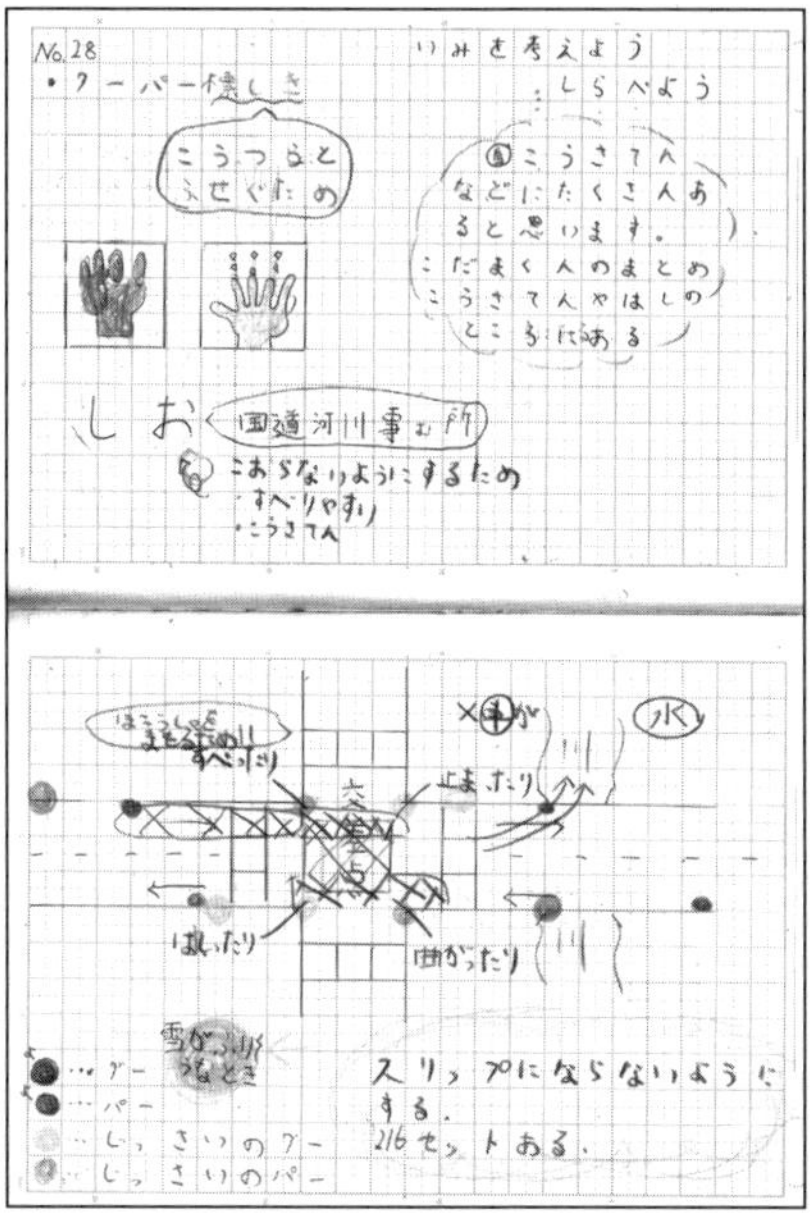
No.28
グーパー標しき
いみを考えよう
しらべよう
国道河川事む所
スリップにならないようにする。
216セットある。

(富山県)
グーパー標しき
道のどこにまくのか？
それは、なぜ？(国道河川事む所)
交差点
つまり、パーが交差点手前にあり、グーが…

ここでは、富山県内で放送されたニュース番組「国道に謎の標識グーパー標識とは？」（チューリップテレビ２０１９年１月10日）での記者と標識設置者である国土河川事務所職員のやりとりを基にして、インタビュー形式の役割演技で確認します。

記者
「『グーパー標識』は、どのような場所にあるのでしょうか」

事務所職員
「交差点の近くや橋の手前、ゆるやかなカーブなど、道路が凍ってスリップ事故が予想されるところにあります」

記者
「国道８号線には、いくつ『グーパー標識』があるのですか？」

事務所職員
「216セットです」

記者
「そんなに多いんですか！　いつ、道路に凍結防止剤を撒くのですか？」

事務所職員
「寒くなって雪が降りそうだというときに撒きます。１月９日は、朝の４時半に出動しました」

記者
「撒く場所は多いし、朝も早いから大変ですね。撒くのは難しくないですか？」

事務所職員
「ベテランじゃない若い社員も、標識があることで、撒く場所がわかっていいです。それに撒き過ぎることがないのでむだなお金がかかりません。運転する人にも『グーパー標識』はよいことがあるんですよ。『事故がおこりやすい場所だな。気をつけよう』と思ってくれるので、交通事故防止にとても役立っています」

単元名「交通事故からくらしを守る」
～グーパー標識で雪国の安全を守る～

（1）目標

・「グーパー標識」をもとに雪国の交通事故を防ぐ工夫や努力を考える。

（2）単元計画（6時間）

・交通事故はなぜおきるのか？（1時間）
・交通事故がおきてしまったらどうする？（1時間）
・交通事故は多いのか少ないのか？（1時間）
・交通事故を防ぐのはだれ？（本時3／3時間）

（3）指導過程（45分授業）

学習活動	教師の働きかけ
1．グーパー標識の意味を知る（10分） ・標識でじゃんけんを楽しむ。 ・水平思考ゲームで意味に迫る。 ・道が凍るのを防ぐため塩をまいている。	○　グーパー標識を使ったじゃんけんを楽しむ中で、チョキがないことやパーに粒が描かれていることに気付かせていく。 ○　道路標識「グーパー標識」の名称を知らせる。 ○　標識の意味を考える活動に水平思考ゲームの手法を用いて全員参加を促し、推論する力を養っていく。
2．道路地図をもとにグーパー標識の設置場所を話し合い、規則性があることに気付く（25分） ・火災発生率がいちばん低かった富山県を想起し位置を確認する。 ・グーパー標識の設置場所を話し合う。 ・設置場所を知りそのわけを知る。 ・設置場所には規則性があることに気付く。	グーパー標識は道路のどこにあるのか？それはなぜか？ ○「火災発生率がいちばん低かった県はどこか」と問いかけ、富山県の位置と雪が多く降る地域であることを確認していく。 ○　実際の設置現場をアップとルーズのスライドショーにて確認させる。さらに、標識設置の規則性に気付かせるためボードの道路地図をもとに操作活動を入れて話し合いの場を設けていく。 ○　車の進行方向の交差点手前にパーがあり、交差点下にグーがあることから融雪剤の撒かれる場所を色付けし、スリップ事故防止のためであることをとらえさせる。
3．テレビ放映の資料からグーパー標識の目的をとらえる（10分） ・交差点近くや橋の手前など、路面凍結による交通事故が発生しやすい場所に設置されている。 ・運転者と設置管理者（国道河川事務所）の双方にとってよい。	○　富山県内のテレビ局がグーパー標識を取り上げたインタビュー場面を再現することで、設置管理者である国道河川事務所の人々の交通事故を防ぐ工夫や努力に気付かせていく。

「グーパー標識で雪国の安全を守る」の授業案

8

「へぇ、なるほど」と納得が伴う教材をつくる

「へぇ、なるほど」と納得が伴う教材づくりのポイントは、以下の2点です。

・日常生活の中では目にしないものやことをネタとして選ぶ
・「あれ？」から「へぇ、なるほど」まで納得が伴う物語をつくる

教材名　「倒されたバス停」自然災害を防ぐ（5年）
ねらい　市内の公共交通を担うバス会社では、強風によるバス停の転倒を防ぐため、あらかじめバス停を倒し、地域の安全確保に努めていることを理解する。

「へぇ、なるほど」という子どもの納得が伴う授業にするために、プレゼンテーションソフトで物語をつくります。

①倒れているバス停？

②倒されたバス停

③倒している現場

倒れているバス停の写真で「あれ？」「どうして？」を引き出し、倒されたものであると明かします。だれが、何の目的でやったのかが話題になります。次に、倒している現場の写真を提示します。父親が子どもに「近寄ったらあかん！」と注意を促しています。

④撮影日

2019/08/15

⑤撮影日の天気図

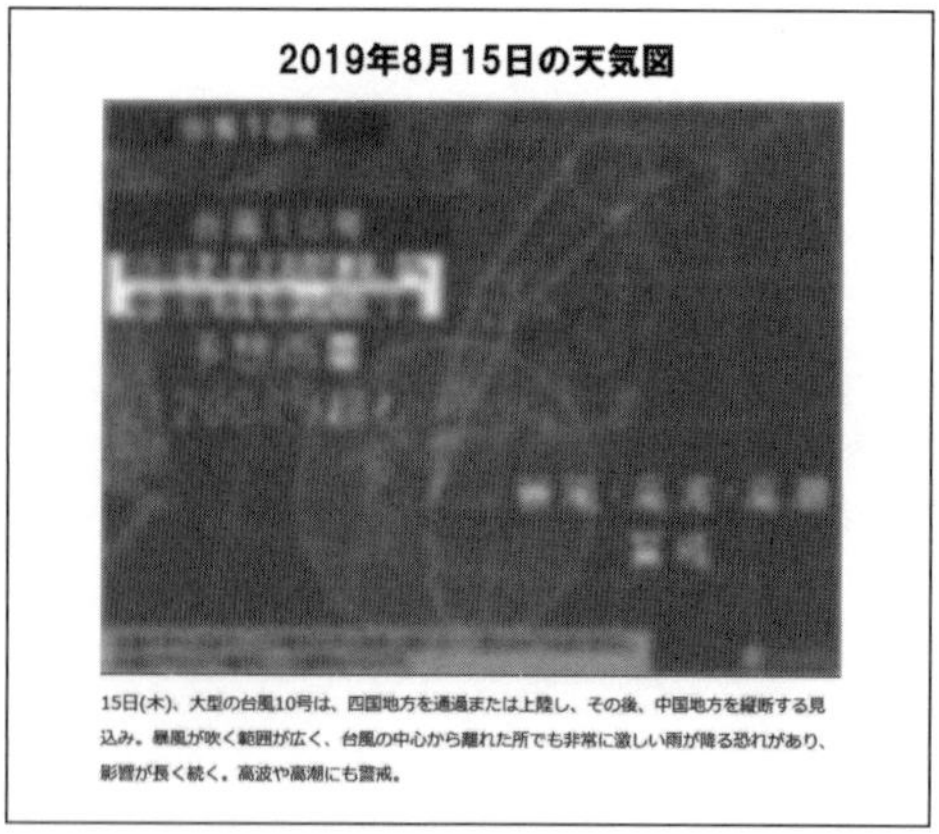
2019年8月15日の天気図
15日(木)、大型の台風10号は、四国地方を通過または上陸し、その後、中国地方を縦断する見込み。暴風が吹く範囲が広く、台風の中心から離れた所でも非常に激しい雨が降る恐れがあり、影響が長く続く。高波や高潮にも警戒。

⑥「へぇ、なるほど」

京都バス
ご注意
台風接近の為
標柱倒してあります

写真の撮影日は社会事実を表します。撮影日は台風10号が撮影場所の京都に近づいてきている日です。

物語「倒されたバス停」の最後の場面で、だれが、何の目的でしたものなのかが明らかになります。

このように、非日常の場面には、社会的な意味を考える様子が表されています。そのチャンスを逃さないように、常にモバイルを携帯しておきましょう。

9

「地域では当たり前でも、他では『?』」を探す

❶道路の中央から噴水が！（新潟県長岡市）

上の写真は、新潟県長岡市で11月に撮影したものです。何をしているところでしょうか？　コーンには「消パイ点検中」と表示されています。

これは、冬季間に使用する消雪パイプの点検をしているところです。雪国の人にとっては見慣れているものでも雪が降らない地域の人にとっては「?」です。降雪時に消雪パイプから水を出し路面の雪を溶かし交通障害を除いたり交通事故を防いだりします。雪道の安全運転に貢献します。

しかし、歩行者にとってはやっかいなときがあります。低いところに水たまりができて歩きにくかったり車がはじく水しぶきをかぶったりするのです。また、行政上の課題として点検や整備などの維持・管理費がかかることです。深刻な環境問題も起きています。

❷玄関の階段を増やす（新潟県南魚沼市内の中学校）

旧六日町地区では、１９９３年以降の累計で約１ｍも沈んだ地点があります。消雪用に地下からくみ上げる水によって起こる地盤沈下です。南魚沼市の中学校では、建物が浮く「抜け上がり」が起きました。対策として玄関の階段を増やしています。

消雪パイプの事象から環境問題に視点をあてることで、雪国のくらしを多角的に考えることができます。

❸消火栓が見えなくなってしまう！（京都府京都市）

西日本の京都市にも雪がちらつくことが年に数回あります。

写真のように立命館小学校の正門近くにある消火栓が雪で見えなくなってしまうことも稀にあります。

❹雪国の消火栓は見えなくなってしまうのではないか？（新潟県長岡市栃尾町）

❸とのつながりで考えていくと、さらなる教材化のチャンスがあります。

西日本では地中に埋められていることが当たり前の消火栓ですが、雪国ではどうなっているのでしょうか？

左の写真は、新潟県長岡市栃尾町の地上式消火栓で、高さが１３００㎜の「積雪型」です。放水口が雪に埋もれることなく地域の安全を見守っています。上越市には、高さ２０００㎜の「多雪型」が設置されています。

このように、消火栓の形１つでも、その地域の気候がわかります。

10

教科書に感動のひと工夫を加える

教科書を教える授業は、知識注入型に陥りやすくなります。子どもは社会科を暗記教科と捉え、覚えることが苦手な子どもほど社会科が嫌いになります。教科書で子どもが主体的に調べたり、考えたりする楽しい授業にするために、教科書に感動のひと工夫を加えましょう。

教科書に感動のひと工夫を加えるポイントは、以下の3点です。

・教科書の写真とは視点が違う写真を提示する
・図や表の数値や項目をさらに調べ、比較・検討できる事象を提示する
・本文をクリティカル・リーディングで検討し、新たな事象を提示する

❶教科書の写真とは視点が違う写真を提示する

5年生の「米づくりのさかんな地域」で、山形県庄内平野を取り上げている教科書があります。庄内平野の航空写真、最上川と水田、8月と1月の庄内平野の写真が掲載されています。米づくりがさかんな産地の条件に、広い土地、寒暖の差、豊かな水があげられます。全国の米どころで知られる新潟県や秋田県にも同じ条件があてはまります。

それでは、庄内平野ならではの特色は何でしょう。教科書にはもう1枚の写真が掲載されています。庄内砂丘と防砂林です。季節風で飛ばされる砂を防ぐ人々の工夫や努力を考えさせるためです。庄内平野は、暴風日数が年間約60日という強風地帯なのです。

そこで、**新たな視点として「風」に着目しました。**上の写真は、水田の中にそびえ立つ風車です。水田と風車の組み合わせには驚きます。なぜ庄内平野の水田には数多くの風車が建っているのか、調べたくなるでしょう。そして、「清川ダシ」と呼ばれる局地風と向き合う庄内の人々の知恵に気づかせていく授業を展開します。

❷図や表の数値や項目をさらに調べ、比較・検討できる事象を提示する

ある教科書では、「10ａあたりの米の生産量が多い都道府県」のグラフを掲載し、山形県が約６００kgの生産量を誇ることを示しています。長野県に次ぐ全国２位です。ちなみに、都道府県別の生産量（２０１８年）は、山形県が４位、長野県が13位です。子どもたちから「１位の長野県が気になる」といった声が聞こえてきそうです。

教科書では長野県についてまったく触れていません。なぜなら、取り上げている地域が庄内平野だからです。他の単元でも、グラフや表を用いて事象の位置づけを示すものが多く掲載されています。しかし、取り上げている事象以外の項目に触れられることはありません。

ここに、ひと工夫を加えます。**「なぜ、長野県は山形県よりも10ａあたりの米の生産量が多いのか？」**という問いです。すると、内陸性で盆地の多い長野県は日照量が多く昼夜の寒暖の差が大きい、北アルプスをはじめとする山々からの豊かな水が田に流れ込む、さらに、標高が高いため乾いた空気が吹き病害虫の発生が少ない、といった、収穫に適した条件が見えてきます。

社会的事象を多面的・多角的に観ることで、追究の楽しさが増します。

❸本文をクリティカル・リーディングで検討し、新たな事象を提示する

クリティカル・リーディングとは、直訳すれば「批判的な読み」です。ここでは、「根拠を基に検討を加えること」と考えます。教科書の本文に検討を加えた結果、ひと工夫の余地があれば、新たな事象を提示して、授業をより楽しいものにしていきます。

庄内平野の地形と気候の特色を説明する本文では、夏の季節風は、病気を防いだり育成を助けたりすることから「宝の風」とされています。

しかし、庄内地方には、日本三大悪風の1つである「清川ダシ」という「きらわれ者」の局地風が吹き荒れるのです。春の田植えの時期には、苗を浮かしたり、収穫時期の稲を倒したりします。教科書の本文には載っていない事実です。

そこで、**「庄内地方の人々は、きらわれ者の風とどうつき合っているのか?」**という問いを加えます。

品種改良によりコシヒカリよりも風に強い「つや姫」が2008年から山形県の奨励品種となり人気が高まっていること、強風時には水を深く張る管理をしていること、2012年より資源エネルギー庁から「次世代エネルギーパーク」計画の認定を受け風力発電に取り組み地域活性化を図っていること、を新たに提示していきます。

11 「いちばん」を探って授業を深める

「いちばん多い」「いちばん少ない」と聞くと「へぇ」という驚きとともに、「どうして?」という問いが生まれます。

「いちばん」という言葉は、探究意欲をかきたてる力をもっているのです。そこで、地域の「いちばん」を探したり、教科書資料から「いちばん」を探ったりすることで授業を深めていきましょう。

教材づくりのポイントは、**インターネットで「いちばん」を検索し、授業に活用できるネタや視点を見つける**ことです。

3年生の商店の学習で「京都市　スーパーマーケット　人気」というキーワードで検索をしました。そうして見つかった「京都のスーパー・コンビニ・量販店クチコミ人気ランキング」というサイトから、授業への活用を考えました。

まずは店の人気を測る指標に注目です。「アクセス」「サービス」「お買い得度」「品ぞろえ」「バリアフリー」の5項目、5点満点です。これは、近所のスーパーマーケットを見学するときの視点に役立てることができます。

さらに、いちばんの人気店には、数多くのクチコミが寄せられています。消費者の具体的な声を指標と照らし合わせることで人気の理由を探ることができます。例えば、「烏丸駅近く、四条通にお店があります。季節商品、小物類、文具、ホビーなどあり、見ていても楽しいです。ポイントカードが使えるのもうれしかったです」といった声からは、利便性に優れた立地場所や豊かな品ぞろえ、ポイント獲得が人気の理由だとわかります。

さらに、検索場所の取材ができれば、「なるほど」と納得を伴ったうえでの教材づくりができるでしょう。

教科書の資料からいちばんを探ることもできます。

3、4年なら、「市町村や都道府県のいちばん」です。5年なら「世界各国のいちばん」、6年なら「国際事情や歴史的事象のいちばん」といった視点が考えられます。

3年生の火事の学習では、地域の火災発生状況から安全なくらしの仕組みや働きを学びます。そこで、地域から日本全国に目を向けていきましょう。

「いちばん火災が少ない都道府県はどこですか?」

この問いを追究していくと、火事を防ぐための工夫や努力を、より深く捉えることができます。富山県は出火率（人口1万人当たりの出火件数）が1991年以降連続で最も低くなっています。平成29年中は1・8件で、全国平均は2・9件です（平成30年版消防白書より）。その背景には持ち家率の高さや住宅の平均面積の広さ、民間防火組織の地道な取組による防火思想の教育があるとされています。

5年生の水産業の学習では、日本の漁業生産量が減っていることを示すグラフが、ある教科書に掲載されています。では、世界各国の漁業生産量はどうなっているのでしょう。

「いちばん漁業生産量が多い国はどこですか?」

経済成長を遂げる中国やインドネシア、インド、ベトナムといった新興国の生産量が上位を占めることがわかります。特に中国の食生活が穀物から魚介類へと変化しているスピードには驚かされます。FAO（国際連合食糧農業機関）の調査によると、1975年の漁業生産量は、日本がいちばんで約１２００万ｔでした。中国は３位、インドネシアは14位でした。２０１７年には、中国が１位で約８０００万ｔ、インドネシアが２位の約２００万ｔです。日本は７位に後退し、約４００万ｔとなっています。やはり、中国の漁業生産量は他国と比べ群を抜いています。今後も増加することが予想されています。５年の社会科では、日本の産業を世界の視点を加えて考察する深い授業が求められます。

６年生の歴史学習で、江戸幕府の政治を安定させる事象として、参勤交代が取り上げられています。ある教科書には、参勤交代にかかった日数の絵図が掲載されています。いちばん多い日数が薩摩藩の約40日とされています。薩摩から江戸までは約１６００㎞です。一日に40㎞ほど進むことになります。

「いちばん遠い薩摩藩の旅費は、いくらだったのかな？」

この問いを追究していくと、大名行列の出費がいかに莫大だったかわかります。『大名行列の費用はどのくらい？』（ポプラ社）には、薩摩藩で１７２０年にかかった費用は約１万７千両だったことが記されています。今の金額に換算すると約10億円。一日の旅費が約２５００万円になります。徳川幕府の権力の偉大さと巧みな政策が見えてきます。

12

教材に「ずれ」を見いだし、認識を深める

授業における「ずれ」は、大きく3つに分類されます。1つ目は教師と子ども、2つ目は子ども同士、3つ目は教材と子どもです。いずれの場合も「ずれ」を埋めていく話し合いや作業が行われることで、既存の認識がより深いものへとなっていきます。

「ずれ」を見いだすポイントは、**子どもの認識を覆すネタを発掘すること**です。

要するに、子どもが当たり前だと思ったり、考えたりしている事象を覆すネタを探すのです。そのためには、身の回りの人・もの・ことを見ているだけでなく、「観察」することです。次に示す3例からは、「へえ、そうなんだ」ということが感じ取れるでしょう。

❶3年「交通事故を防ぐ」

電柱は送電が目的です。また、自動販売機は商品の販売が目的です。しかし、電柱と自

動販売機には、設置場所を示す番号や住所が記されているのです。電柱の高さ約３ｍのところに、電柱番号が貼ってあります。また、自動販売機には、住所が記されたシールが貼ってあります。知らない場所で事件や事故に遭遇したときは、その番号や住所を伝えることで、いち早く警察官や救急隊が駆けつけ、命を救ってくれるのです。

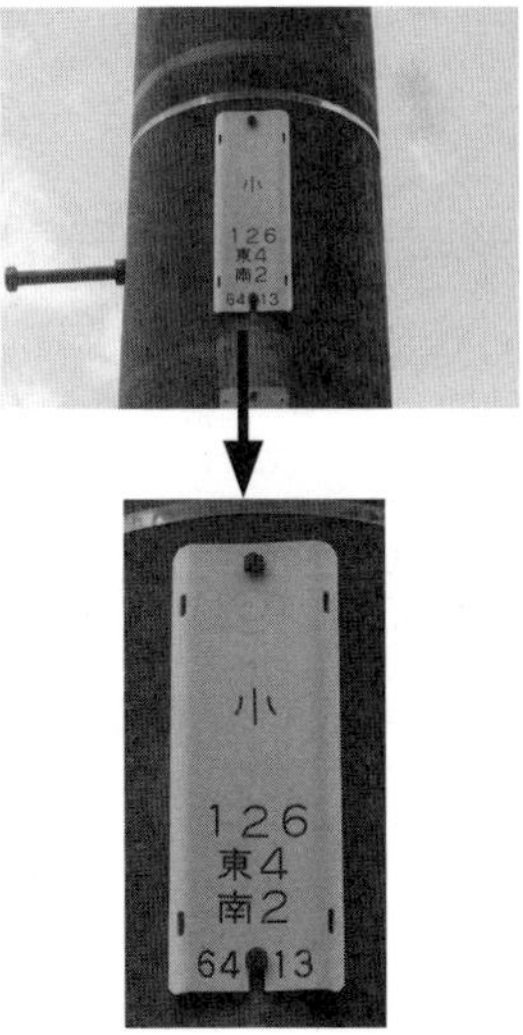

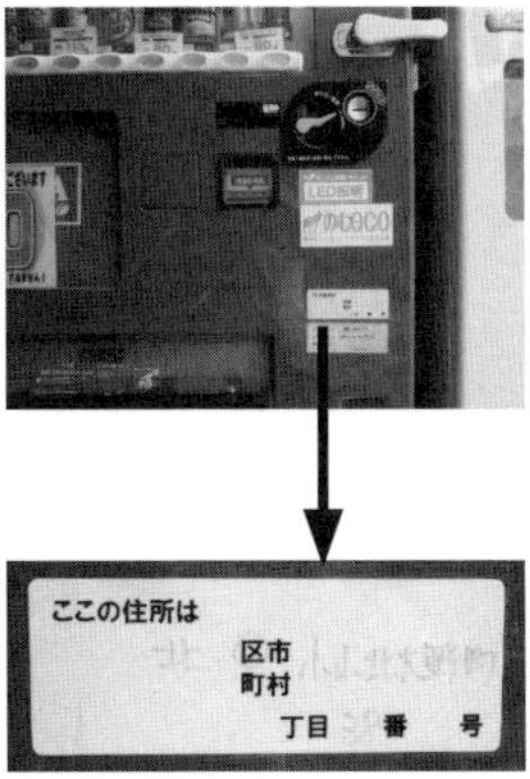

❷5年「森林とともに生きる」

環境への配慮からスーパーマーケットでは、箸の提供を希望者のみにしたり、弁当から取り除いたりする活動が行われてきました。割り箸を使うことには、森林破壊につながる悪いイメージができてしまっています。

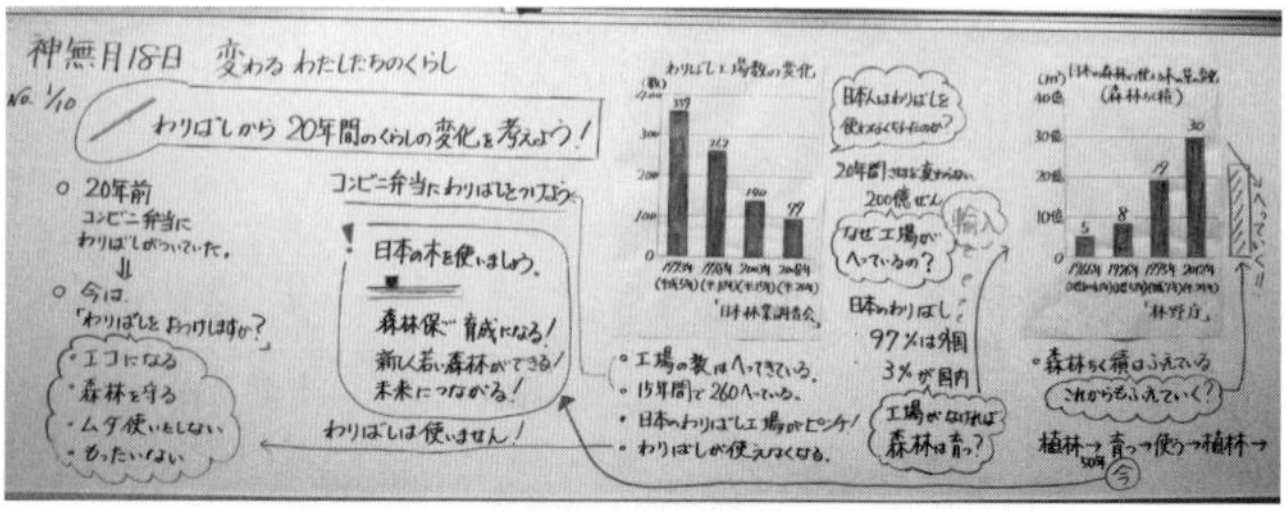

しかし、国産木材は大いに使わなければならない状況にあります。戦後の植林によって蓄積量は平成29年に50億㎥を超えました。使うべき森林資源が飽和状態になっています。

なぜ、国産木材が使われないのでしょうか。安価な輸入木材が主な原因です。林業に従事する人々も減少しています。

こうして、国産間伐材を使った割り箸を進んで使うことが、日本の林業を元気にすることにつながることが見えてきます。

森林資源の循環利用（植える↓育てる↓使う↓植えるというサイクル）を推進することになり、日本の林業を元気づけていくのです。授業後の子どもたちからは「国産割り箸を使って日本の森林を救おう」という声が聞かれるでしょう。

❸6年「戦国の世から天下統一へ」

織田・徳川の連合軍が、長篠の戦いで武田に勝利した決定的な場面はどこかを考えさせます。合戦図中の決定的場面に○を記すよう指示します。

すると、多くの子どもが、図の中心を○で囲みます。徳川の軍が馬防柵の前に進み出て鉄砲を撃ち、武田軍が身をかがめて苦戦している場面です。長篠の戦いと言えば鉄砲隊と騎馬隊の印象が強いのです。

しかし、連合軍の勝利を決定づけたのは、酒井忠次らの別働隊による鳶ケ巣山砦の奇襲です（点線の円）。長篠城を監視する武田軍の砦を落としたことで、連合軍が前後から挟み撃ちにし、武田軍の退路を断って勝利したのです。

13 「エピソード」で人を焦点化する

豊かなくらしは、先人の知恵や人々の工夫や努力のうえに成り立っています。**すべての社会的事象には「人」の働きがあります。**

例えば、3年生では農家や工場、スーパーマーケットなどで働く人々です。6年生では、社会保障や自然災害の復旧や復興に取り組む人々、歴史を動かした人物などです。

そうした「人」に焦点化するポイントが、以下の2点です。

・有名（代表的）な業績を、エピソードを交えて紹介する
・思いや願い、悩みを込めたエピソードを語る

❶有名（代表的）な業績を、エピソードを交えて紹介する

顔写真や肖像画、名前、生年月日などとともにエピソードを紹介します。

例えば織田信長です。

「私の名前は『織田信長』です。１５３４年、尾張に生まれました。父の葬儀で香を投げつけたり、比叡山を焼討したりしました。人は私を『尾張の大うつけ』と罵ったり、『鳴かぬなら…』の歌に例えて残酷で恐ろしい人とうわさしたりしていますが、実のところは違います…」

このように、インパクトのある出会いで一気に追究活動を加速させましょう。

❷思いや願い、悩みを込めたエピソードを語る

「人」への共感が生まれると、より深く社会的事象を考えることができるようになります。

例えば、林業の仕事に携わるFさんは、シカやイノシシによる森林被害を防ぐため、狩猟を副業にしています。

「Fさんには、みんなに言いたくない、知られたくない仕事があるそうです。それは、シ

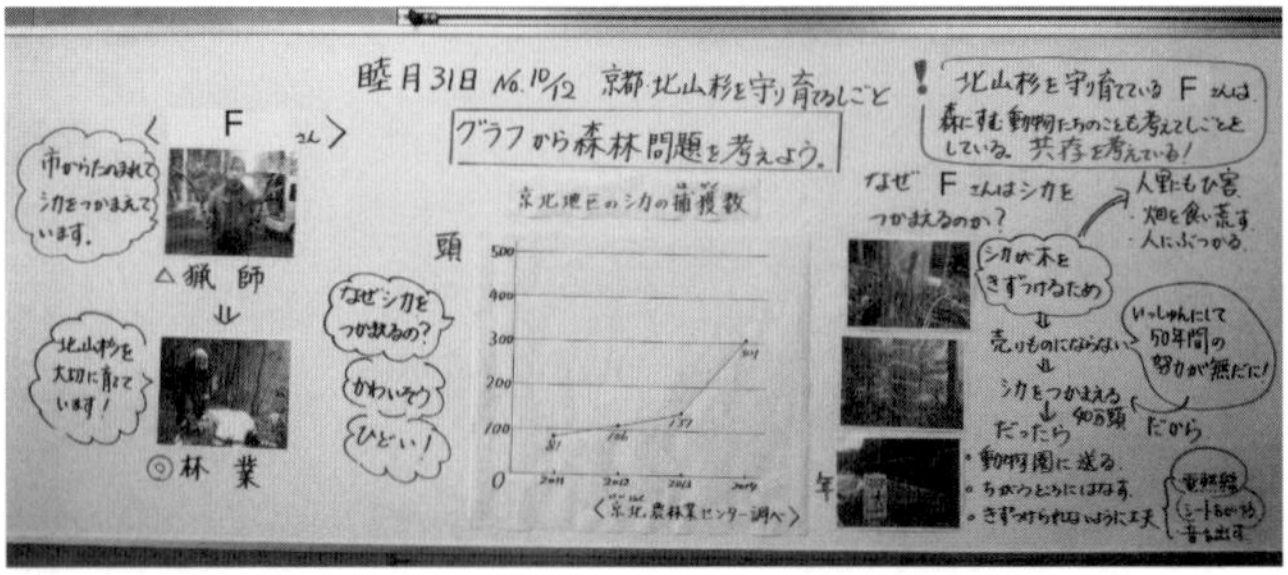

カやイノシシを殺す仕事です。母シカを猟銃で撃ったとき、子どものシカが近くに寄ってきたそうです。Fさんは、子どものシカも撃つべきか迷ったあげく撃ち殺しました。命を育てる一方で、命を絶つ仕事をすることに悩みながら、林業を30年間続けているそうです」

Fさんの悩みに共感した子どもたちは、森林の環境問題について板書の通り学びを深めていきます。

第3章

資料提示がもっとうまくなる7の技

14 写真や絵の一部を隠す

写真や絵などの資料の一部を隠す場合には、**隠されている部分に意外性があることが重要**です。

つまり、隠すことによって「問い」を引き出すことをねらっているのです。

「見えないところはどうなっているのかな…」

「きっと○○じゃないかな…」

というように、興味・関心を高めて予想する姿を子どもたちに期待します。

そして、隠した部分をオープンしたとき、

「えっ！」

という驚きとともに、

「なぜ？」

という問いを引き出したいのです。

逆に言うと、子どもが、「なぁんだ」という反応を示したならば、隠す意味のない資料だったということになります。

次に、資料の一部を隠して問いを引き出す実例を紹介します。

❸３年「農家の仕事」

地域で京野菜をつくっているKさんは、畑のまわりにあることをして野菜を守っています。

そこで、ビニルハウス前にぶら提げられた表示板を隠した写真を提示し、子どもたちに問いかけます。

「何が書かれていると思いますか？」

子どもたちからは、「入ってはいけません」という人の侵入を禁止する注意書きがぶら提げられているのではないかという声が聞かれます。

このような声を受けて、隠している部分を見せると、電気柵を使用していて、触れると危険である旨の注意書きであることがわかります。

「危険だ！」

「なぜ、電気を流すの？」

といった驚きの声や問いが生まれます。イノシシやシカなどの野生動物から大切に育てている作物を守るための手段が隠されていました。

❷6年「世界に歩み出した日本」

江戸時代の終わりに日本が欧米諸国と結んだ不平等条約を改正するきっかけに用いられるノルマントン号事件（メンザレ号の救助）の風刺画の一部を隠します。

1886年に和歌山県沖の海で、イギリスの貨物船ノルマントン号が沈没したことを話します。

※ビゴー画を基に筆者が作成

　その後、子どもたちに問いかけていきます。

「ボートに乗っているのはどこの国の人ですか？」

「何をしていますか？」

「ボートのまわりには何が描かれていると思いますか？」

　隠している部分を見せ、たくさんの日本人が溺れていることや、ボートに乗っている西洋人のしぐさから「なぜ助けないのか？」という問いを引き出します。

15 グラフの一部を隠す

写真や絵と同様に、グラフの一部を隠すことで意外性を引き出します。

❶グラフの単位と表題を隠す

単位と表題を隠してしまうと、何のグラフなのか見当がつかなくなります。子どもたちは、単元の学習内容から予想をしてくるでしょう。しかし、グラフの単位を見た瞬間に、

「ん?」

と、考え込みます。

次に表題を明かしたところで、

「えっ!」

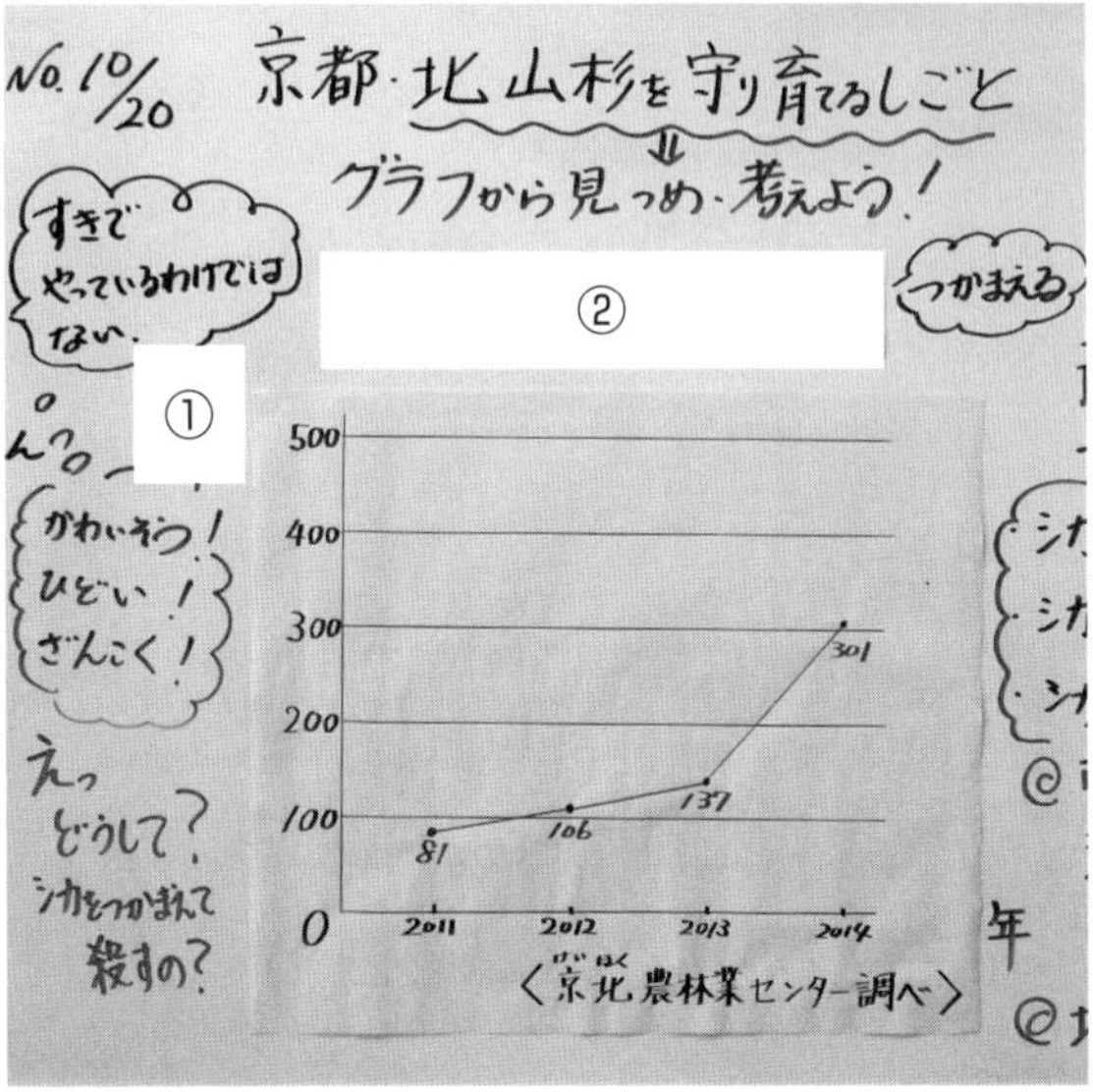

という驚きとともに、

「なぜ？」

という問いが生まれます。

このように、**単位と表題を隠すのに適したグラフは、学習内容からは想像もつかない意外性があるもの**です。

その実例を、５年「森林とともに生きる」で紹介します。

京都・北山杉を守り育てているＦさんの仕事について学習した次の時間です。
①単位、②表題を隠したグラフを提示します。
子どもたちは、縦軸の数字と出典である「京北農林業センター調べ」から木材の出荷数や枯れた木の数といった、林業

にかかわる表題を予想します。

そこで、①単位の「頭」を明らかにします。

子どもたちは、まったく予想外の単位に、

「えっ！」

と驚きます。

「森に住む動物の数かな？」

と考えているところで、②表題「シカの捕獲数」を明かし、

「なぜシカを捕まえて殺すのかな？」

という問いが引き出されます。

❷グラフの変化を隠す

5年「自然災害を防ぐ」の学習です。

東日本大震災では、電気や水道水といったライフラインがストップしました。そんな中、支援物資の湯たんぽで暖をとる被災地の人々の姿が報じられました。

その後、全国に防災意識が高まり、湯たんぽの出荷個数が伸びました。

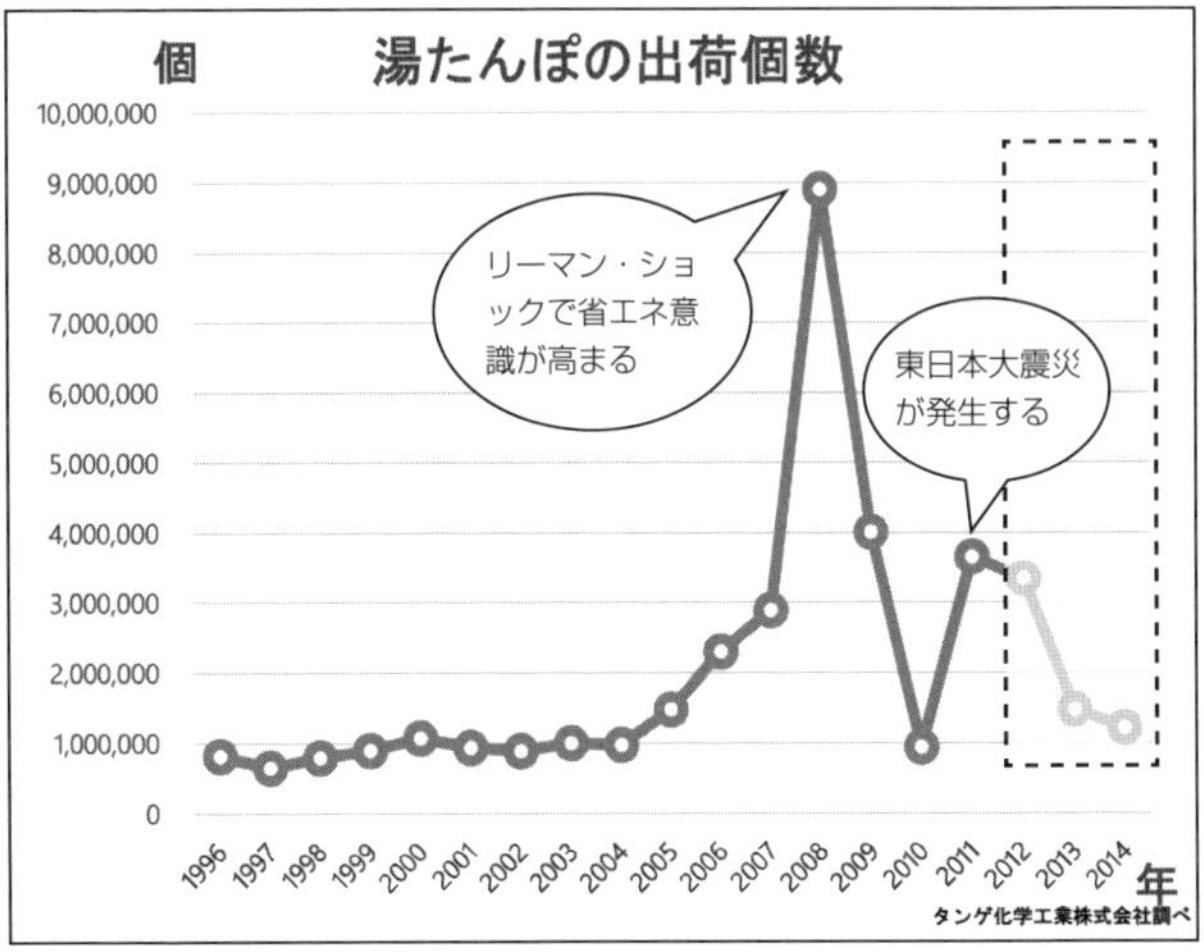
個
湯たんぽの出荷個数
10,000,000
9,000,000
8,000,000
7,000,000
6,000,000
5,000,000
4,000,000
3,000,000
2,000,000
1,000,000
0
リーマン・ショックで省エネ意識が高まる
東日本大震災が発生する
1996 1997 1998 1999 2000 2001 2002 2003 2004 2005 2006 2007 2008 2009 2010 2011 2012 2013 2014
年
タンゲ化学工業株式会社調べ

授業では、２０１１年の震災以降（点線囲み部分）の変化を隠します。

「東日本大震災以降、湯たんぽの出荷個数はどのように変化したのでしょうか？」

子どもたちが根拠を基にグラフの予想を交流します。震災後に出荷個数が激減することから防災意識の在り方について話し合いを深めていきます。

グラフは、社会的事象の意味を考える根拠となるものです。一部を隠して提示することで認識のずれを見いだし、科学的に追究できるよさがあります。

16 アップとルーズを駆使する

子どもたちの資料を見る視点を部分から全体、全体から部分に動かすことで、**見方や考え方を鍛えたり問いを引き出したりすることができます。**

❶ルーズからアップで見方や考え方を鍛える

5年「自然災害とともに生きる」の授業を例に紹介します。

私は、2011年の東日本大震災で甚大な被害を受けた、宮城県南三陸町の伊里前漁港を2018年の夏に訪れました。7年が経過しても、被災の爪痕はまだまだ消えることなく眼に飛び込んできました。

その中で最も印象に残る写真を、ルーズからアップの手法を用いて提示し、復興にかける人々の努力を考える授業づくりをしました。

①

②

「２０１８年の夏、あるところに行きました。その場所は、これからの生活を考えさせられるところでした」

と言って、ルーズで撮った写真①を見せます。神社の鳥居の前で撮った写真です。子どもたちから的はずれな反応が聞こえてきても、ユーモアで応えていきます。

次に、枝に引っかかった漁業用ブイをアップにして見せます（写真②）。なぜ枝にブイがかかっているのか。だれかのいたずらなのか。子どもの反応を聞きながらタイミングを見計らって、ここが宮城県南三陸町であることを明かします。

南三陸町伊里前漁港は、16・4mの遡上高が記録された場所です。

「7年経った今も枝にかかったままの漁業用ブイは、何を語りかけてきますか?」

と問いかけた後、ブイ越しに見下ろす漁港の写真③(ルーズ)から、復興の様子を捉えた写真④⑤(アップ)を連続して提示します。人間の想定をはるかに超える自然災害の恐ろしさや、長い年月をかけて復興を目指す人々の努力を考える授業が展開されます。

❷アップからルーズで問いを引き出す

３年「京つけものをつくる工場」の授業を例に紹介します。

「何をつくっている工場でしょう?」

山積みされた数多くの石の写真①（アップ）を見せます。

子どもたちからは、墓石やブロック塀など石からイメージするものが次々にあがります。そこで、写真②（ルーズ）を提示します。

子どもたちは、石の数や漬物樽の大きさに驚きます。

石の重さは？　何個積むの？　どうやって積むの？　樽の中身は何？

漬物のつくり方や働く人の仕事についてたくさんの問いが引き出されます。

17

資料を並べて見比べる

資料を並べて見比べる目的には、「対比」と「比較」があります。

対比…異なる性質の物事を2つ比べて、違いを見つけること
比較…似た性質の物事を多数比べて、それぞれの特徴を見つけること

資料の対比や比較によって、**社会的事象の仕組みや働きに気づき、その意味を考えることができるようになります。**

そのためには、資料選定の際に、何を視点に比べて考えさせるかが大切になります。

次ページから、その実例を2つ紹介します。

1つは、日本人の国際的地位の向上を人種差別の視点から年表の対比を基に考えさせる

年	主なできごと	野口英世の経歴
1876		福島県の三ツ和村（現在の猪苗代町）に誕生
1894	陸奥宗光がイギリスとの条約を一部改正する 日清戦争が始まる（～95）	
1897		医師免許を取得する
1900		渡米、ペンシルベニア大学のフレキスナー博士を訪ね、翌年、毒蛇の研究を発表
1902	日英同盟を結ぶ	
1904	日露戦争が始まる（～05）	
1911	小村寿太郎が条約改正を達成する	
1914	第一次世界大戦が始まる（～18）	１度目のノーベル生理学・医学賞候補（梅毒の純粋培養）
1915	大戦景気・輸出が増え好景気	２度目のノーベル生理学・医学賞候補
1920	国際連盟発足（日本は常任理事国）	３度目のノーベル生理学・医学賞候補（黄熱病の研究）
1928		西アフリカ・アクラで黄熱病研究中に死去

例です。

もう１つは、学校の火災設備の働きに視点を当て、比較することで安全な生活を捉えさせる例です。

❶「対比」の例（６年）

明治から大正にかけて世界に進出する日本の姿を日清、日露戦争、第一次世界大戦などの事象と、野口英世が医学の分野でノーベル賞候補に選ばれたという事象で対比します。人の命を奪う戦争と、人の命を救う医学という真逆の事象を年表に並べて比べます。

「日本人の国際的地位は、本当に向上したのでしょうか？」

と問いかけます。

日本は、戦勝国として第一次世界大戦後のパリ講

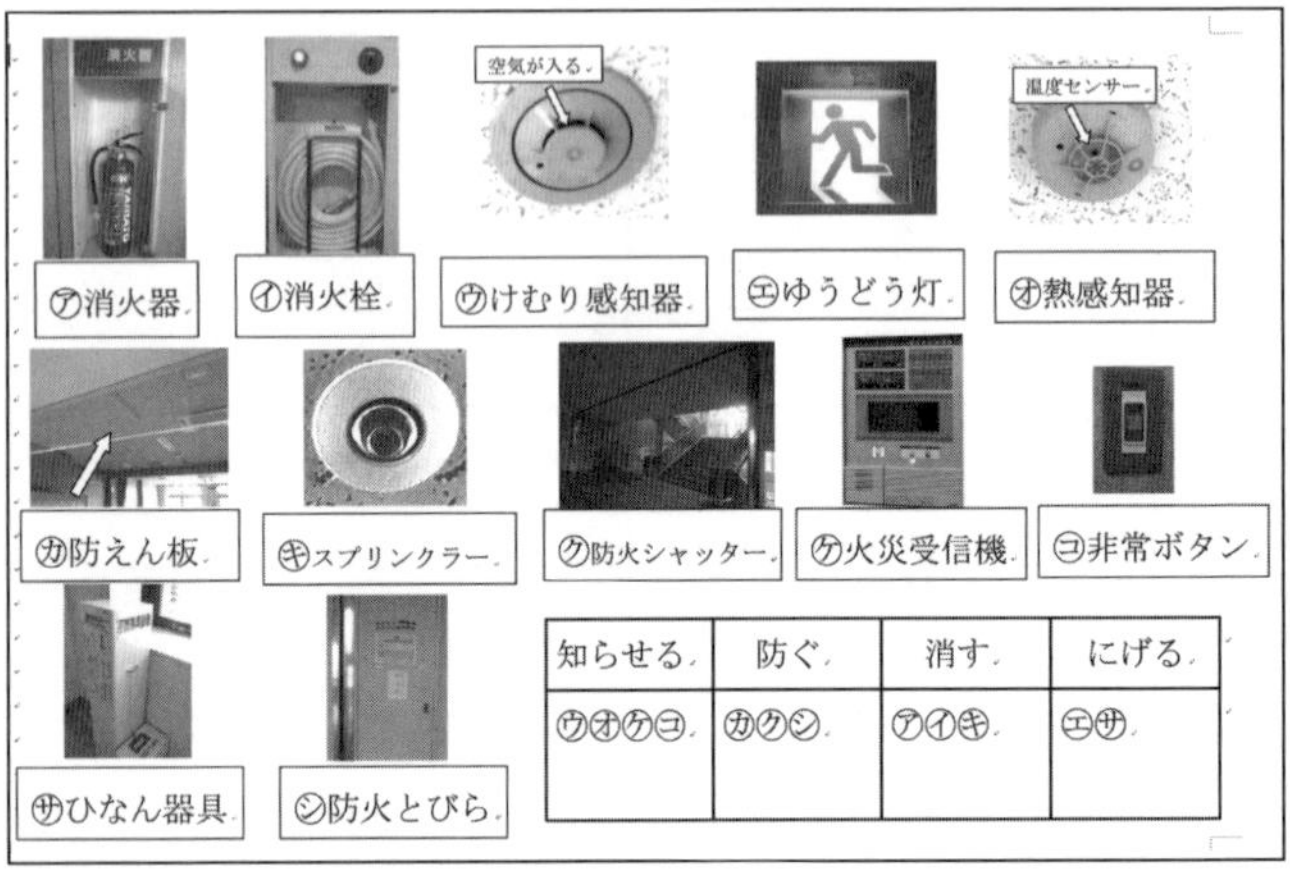
空気が入る
温度センサー
㋐消火器
㋑消火栓
㋒けむり感知器
㋓ゆうどう灯
㋔熱感知器
㋕防えん板
㋖スプリンクラー
㋗防火シャッター
㋘火災受信機
㋙非常ボタン
㋚ひなん器具
㋛防火とびら

知らせる	防ぐ	消す	にげる
㋒㋔㋘㋙	㋕㋗㋛	㋐㋑㋖	㋓㋚

和会議にて人種差別撤廃の提案をしましたが、植民地を抱える主要国からは反対の意見が出され、却下されてしまったのです。

同時期に、英世は梅毒や黄熱病の研究でアメリカやアフリカで活躍しノーベル賞候補に3回も選ばれましたが落選しました。理由の1つに、人種差別があったと言われています。

❷「比較」の例（3年）

校舎内の12の火災設備を提示して、調査活動をします。

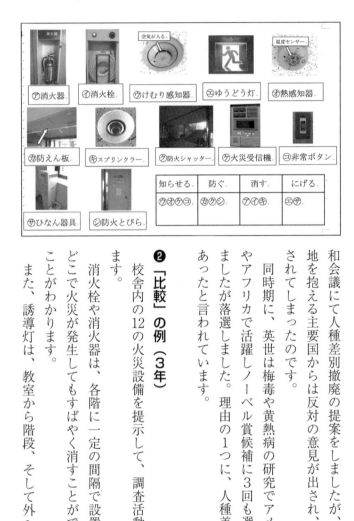

消火栓や消火器は、各階に一定の間隔で設置され、どこで火災が発生してもすばやく消すことができることがわかります。

また、誘導灯は、教室から階段、そして外へとつながり迷わず逃げられることがわかります。

このように、いくつかの火災設備の比較から校舎内には「知らせる」「防ぐ」「消す」「逃げる」の目的から火災設備が設置され、私たちの命を守っていることを理解していきます。

対比から違いを見つけて社会的事象の意味を考えるのか、比較からそれぞれの特徴を見つけて社会的事象の意味に迫っていくのかを明確にすることで、資料提示の腕前が上がっていきます。

18

タイムマシンを活用する

タイムマシンによる資料提示とは、**過去の授業で用いた資料や板書写真を活用すること**です。そのためにも、日々の授業記録は保存しておきます。その記録がタイムマシンに乗って今日の授業で活躍します。その手順は以下の通りです。

①その当時の子どもたちが資料を基に考えたことを、現学級の子どもたちと共有します。まるでタイムマシンで過去の授業を見ているようです。
②最新の資料に基づいて現実はどうなったのかを確かめます。また、そのわけについて考えます。
③過去と最新の資料を踏まえて、タイムマシンで未来を予想します。

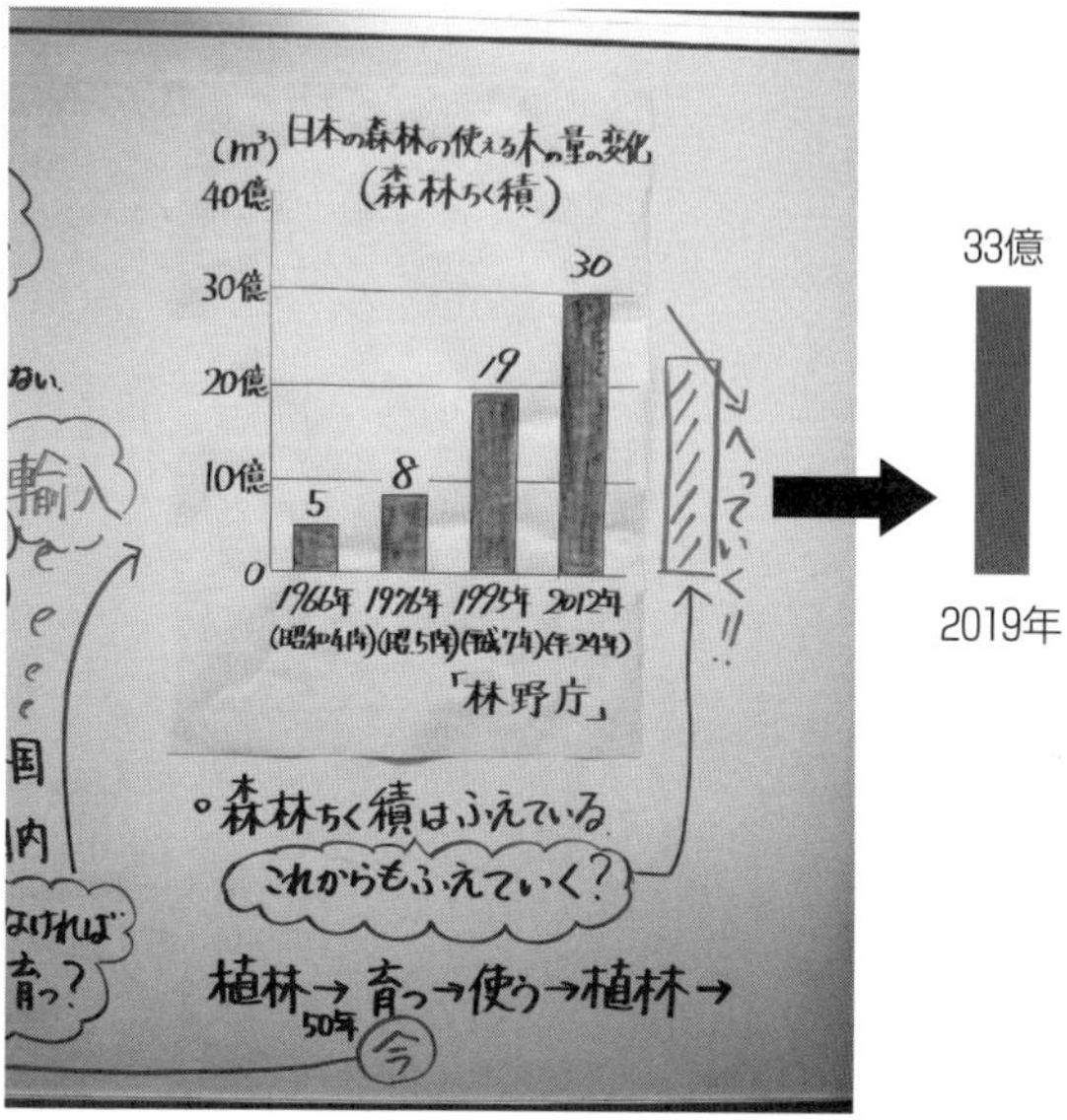

５年「森林とともに生きる」の授業を例に紹介します。

上の写真は、２０１２年の授業記録です。日本の人工林の森林蓄積量が30億㎥に膨れ上がっているのに、なぜ使われないのかを話し合った授業でした。当時の子どもたちは、安い輸入材を減らし、国産の木材を積極的に使っていくべきだと考え、将来は減ってほしいと願ったことを現学級の子どもたちと共有します。

次に７年後の２０１９年の森林蓄積量を示します。33億㎥に増えていることにショックを受けながら、そのわけを考えて、未来予測をしていきます。

19 批判的思考を促す

これからの社会を生きる子どもたちには、批判的思考（クリティカル・シンキング）によって、情報を分析し、問題を解決する力が求められています。

社会的事象を多角的・多面的に吟味し、見定めていく力を養うためには、**意図的な間違いを資料に組み入れる、思考の流れを考えて資料を提示する、**といった工夫が考えられます。

❶意図的な間違いを資料に組み入れる

3年「交通事故からくらしを守る」を例に紹介します。

日常目にしているものは、「見て」いることが多いものです。ここで取り上げる信号機の色の並びも、意識して「観て」いない子どもたちは、

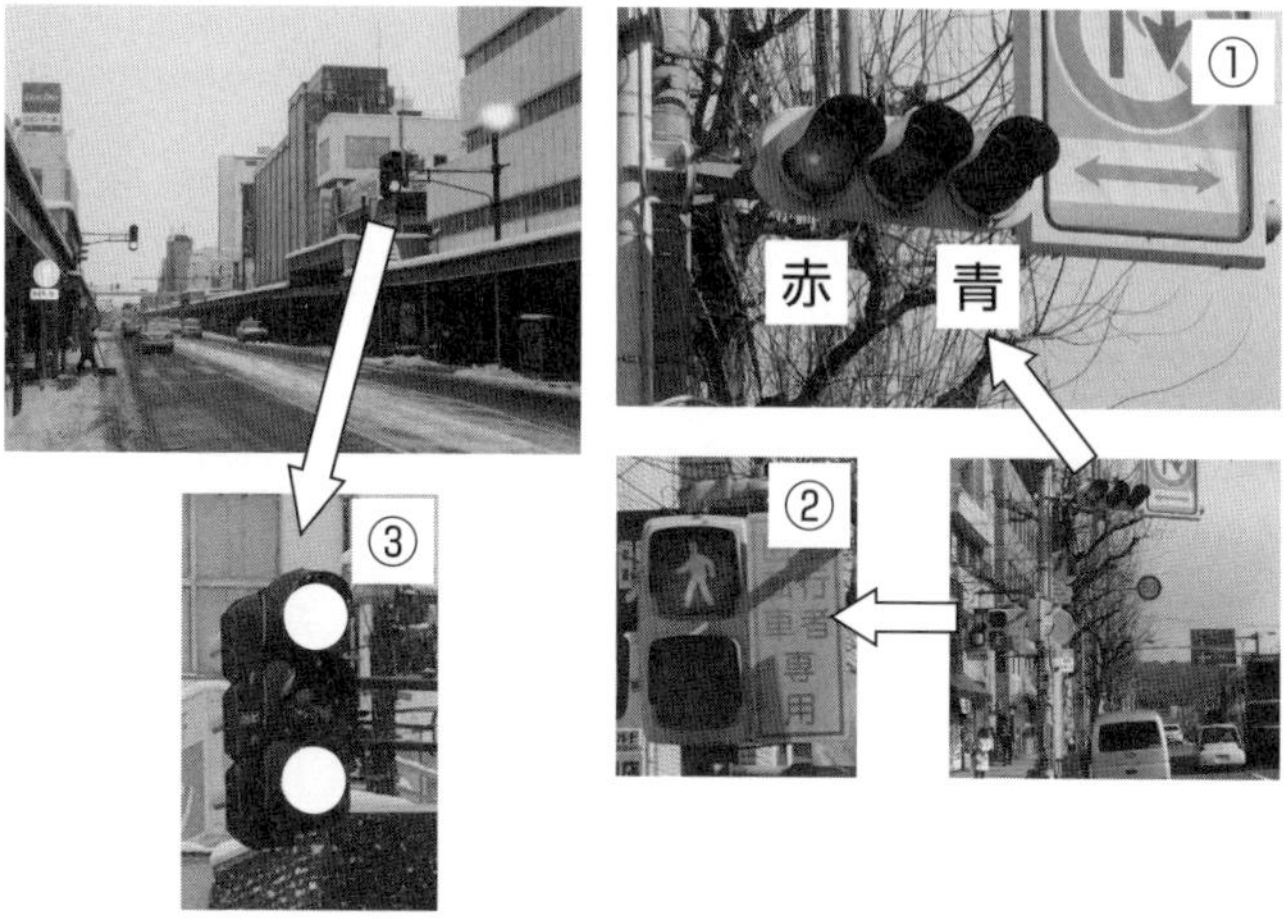

「赤が右？　青が右？」

といったことになります。

　そこで、信号機の色の配置を意図的に変えた写真①②を提示します。

　子どもたちが自動車用信号機の色の配置の間違いに気づいたところで、

「なぜ、信号機は右が赤なのだろう？」

という問いを引き出します。

　交通事故を防ぐために最も大切な「止まれ」が運転手から一番見やすい右になっていることを理解させていきます。

　こう考えると、歩行者用信号機の間違いにも気がつきます。歩行者に見やすい上側が「止まれ」であることが理解できます。

　さらに、雪国に多い縦型の信号機の色を抜いた写真③を提示します。

交通事故を防ぐために信号機の色の配置に決まりがあることを捉えた子どもたちには簡単な問題です。上が赤で下が青です。

この後、発展的に学習が広がり、鉄道用信号機を調べてくる子どもの姿が見られます。鉄道の2灯信号機は、なんと上が青なのです。

❷思考の流れを考えて資料準備をする

5年「日本の国土とわたしたちのくらし」を例に紹介します。

単元の導入で、

「全国で一番火災が少ない都道府県はどこでしょう?」

と問いかけます。

子どもたちは、資料集から人口が少ない鳥取県を予想します。そこで、

「人口で判断してよいのかな?」

と、分析に疑いの声かけをします。

やがて、人口密度に着目し、一番低い北海道を予想します。

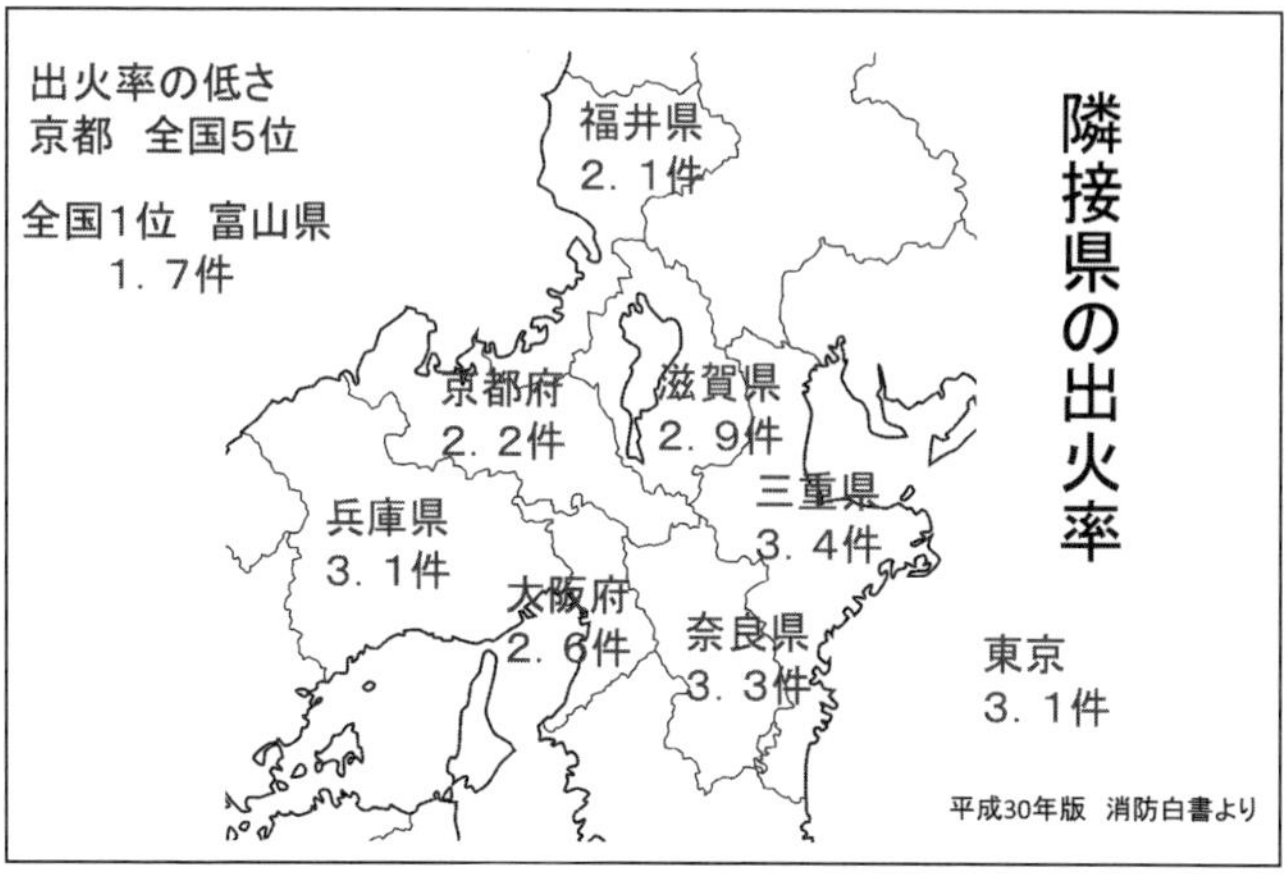
隣接県の出火率
出火率の低さ
京都　全国5位
全国1位　富山県
1．7件
福井県
2．1件
京都府
2．2件
滋賀県
2．9件
三重県
3．4件
兵庫県
3．1件
大阪府
2．6件
奈良県
3．3件
東京
3．1件
平成30年版　消防白書より

単位量あたりから火災の発生数を推論する見方が加わります。

ここで人口1万人あたりの火災件数を表す「出火率」の資料を提示します。

東京都の出火率が低いことに驚きです。平成30年版の消防白書によると、東京都の出火率は3・1件で、出火率の低さは全国20位です。

そして、出火率が全国一低いのは富山県です。平成3年以降連続1位です。富山県の出火率が低いのはなぜなのか、問いが連続していきます。

20 バラバラにする

資料をバラバラに提示する方法として、**「位置」**と**「順番」**があります。いずれも、ある根拠を基に位置を決めたり、順番を整えたりする中で、社会的事象の意味を捉えていきます。

❶位置をバラバラにして提示する

３年「店ではたらく人」の例で紹介します。見学に行くスーパーマーケットを事前に調査します。その際、店長から店独自の工夫や品物の配置について聞き取りをします。簡単な見取図と店内写真、チラシなどを基に、次ページに示す資料を作成します。子ども一人ひとりに紙で配付、またはパソコンで配信して、バラバラな品物を棚に配置する活動です。

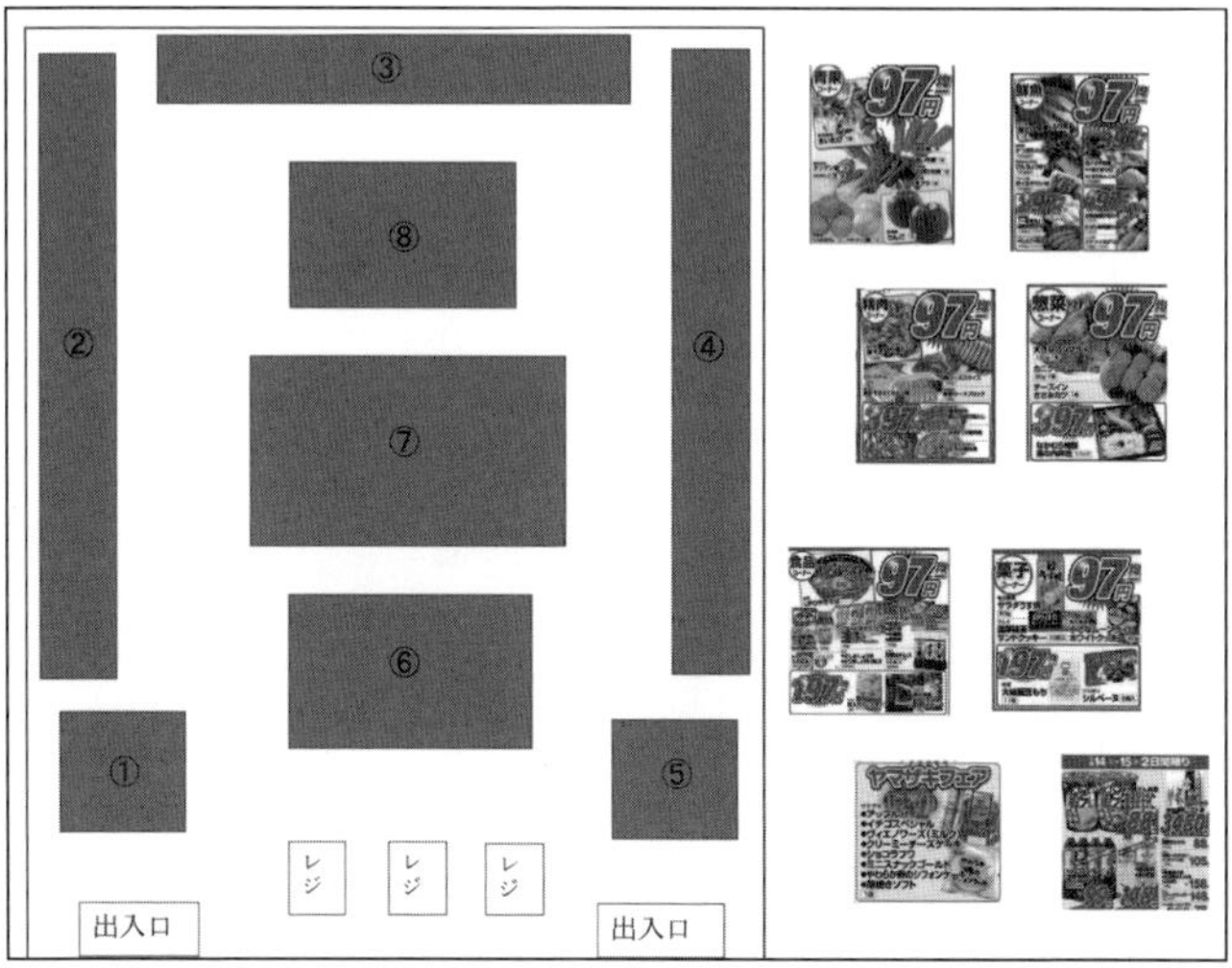

「品物を①〜⑧の棚に置きます。あなたが店長ならどこにどの品物を置きますか？」

品物は、野菜、果物、肉、魚、惣菜、インスタント、菓子、特売品です。子どもたちは近所のスーパーの配置を思い出したり、生鮮食品とインスタント食品の保存方法の違いを考えたりしながら配置を決めます。

次に、小グループになり、一人ひとりが自分の店を紹介します。その際、なぜそこに品物を配置したのか、理由を述べます。

この活動の後、見学を行い、事実を確かめます。店と自分の見方や考え方を「新鮮、安全、安心、購買意欲」というキーワードから比較することで、働く人の工夫や努力を考える学習が充実していきます。

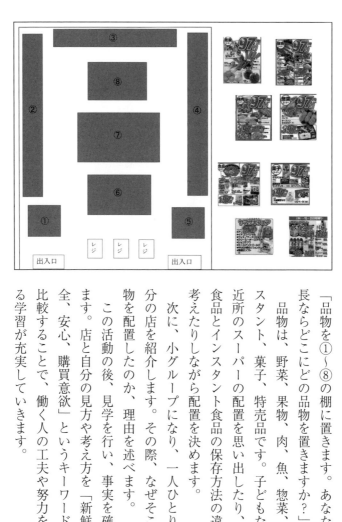

❷順番をバラバラにして提示する

6年「武士の世の中へ　元の大軍がせめてくる」を例に紹介します。

A

B

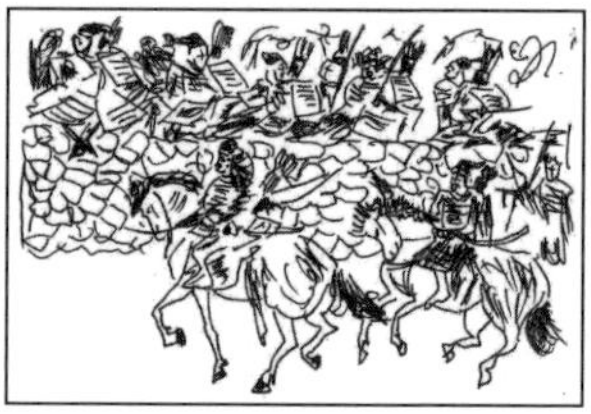

C

D

※「蒙古襲来絵詞」を基に筆者が作成

「蒙古襲来絵詞」から4枚の絵をバラバラに提示します。主人公の季長を押さえ、「元軍が攻めてくる」というタイトルで絵を並べて物語づくりにチャレンジです。正しくは、「D　文永の役に出陣し一番駆けの手柄を上げる」↓「A　恩賞が出なかったため鎌倉まで行き不服を訴え、土地と馬を与えられる」↓「B　出世を果たした季長が弘安の役で防塁の前を出陣する」↓「C　元の大船に小船で奇襲を加える」です。Aから御恩と奉公の関係を捉えていきます。

第4章

発問・つぶやきが もっと うまくなる 8の技

21 閉じた発問を有効に使う

発問は、大きく次の2つに分けることができます。

閉じた発問　…答えが明確で限定されたものを求める問いかけ
開かれた発問…その子どもなりの見方や考え方を引き出す問いかけ

「うまい！」と言われる授業（子ども一人ひとりが問題解決に向け主体的に考え迫っていく授業）の実現には、この2つの発問の機能を理解し、適切に位置づける技を身につける必要があります。

まずは、閉じた発問を有効に使う技について述べます。「閉じた」という言葉からマイナスイメージがあり、用いてはいけないと考えてしまいがちですが、決してそうではありません。**閉じた発問には、授業にリズムとテンポをつくる働きがあります。**

３年生「火事を防ぐ」の授業を例にします。

①

②

授業の導入で、全員の子どもが答えられる「閉じた発問」を用いると、気持ちのよいスタートが切れます。

「①の写真は何ですか？　わかる人は立ちましょう」

挙手でなく立たせることには、授業の雰囲気を活性化する効果があります。

「何をするものですか？　わからない人は座りましょう」

だれも座りません。閉じた発問は全員がわかることが基本です。

ここで、難易度が上の「閉じた発問」をします。

「学校に一番近い消火栓はどこにありますか？　知らない人は座りましょう」

何人かの子どもが座ったところで②の写真を提示します。校門前の写真です。「わかった！」の声で、また全員が立ちます。

「閉じた発問」で授業が活気づきます。

22

水平思考ゲームで発想力を鍛える

開いた発問をしたところで、それに対応する力が子どもに備わっていなければ、学びは深まりません。開いた問いに対して思考を掘り下げていくのは難しいことです。

まずは、子ども自身が解を見つけ出そうと思考を横に広げていく「発想力」を養うことが大切です。**アイデアを生み出す力**と言ってもよいでしょう。

しかし、発想力といっても、漠然としてつかみどころがありません。そこで、「水平思考ゲーム」という手法を授業の随所に用いて発想力を鍛えていきましょう。

水平思考ゲームについては、第2章の例でも紹介しましたが、問いに対して、回答者が「きっと…だろう」という仮説を立て、出題者に「はい、いいえ」で答えられる質問を繰り返し、答えを推理していくゲームです。

例えば、6年「縄文のむらから古墳のくにへ」の学習で、「金印」の写真をＡ４サイズに拡大して提示します。水平思考ゲームの始まりです。

教師「これは中国の漢の皇帝が、日本の倭奴国王に与えたものです。何に使うものなのでしょう?」

児童「飾りですか?」　↓教師「いいえ」

児童「おもしに使う道具ですか?」　↓教師「いいえ」

　質問が出尽くし、発想が行き詰まったところで、金印の正面・上・下の写真を実際の大きさ（１辺が２・３㎝）で提示します。

児童「それは手紙に使うものですか?」　↓教師「はい。手紙のどこに使いますか?」

児童「国王の名前のところですか?」　↓教師「いいえ」

児童「宛名のところですか?」　↓教師「いいえ」

　このように、問題提示の仕方を工夫しながら、日々の授業の中で子どもたちと水平思考ゲームを楽しむことが大切です。「きっと…だろう」と推論して質問を考え、また、推論していく繰り返しが発想力を豊かにしていきます。また、ゲームによって授業に活気が出ます。ちなみに、金印の用途は、文書を送る際の封蝋（ふうろう）です。つまり封印として用いられました。

23

焦点を絞る発問で思考を深める

子ども一人ひとりの見方や考え方を引き出す開かれた発問は、ハイレベルな技になります。30人の子どもがいれば、30通りの反応が返ってきます。それらを整理し、集約して問いに迫る授業展開が求められるのです。

そこで開かれた発問は、社会的事象のどこを考えさせるのか、焦点を絞った発問を心がけなければなりません。有田和正先生の「バスの運転手」での次の発問がその代表格です。

「バスの運転手さんは、どこを見て運転していますか?」

「バスの運転手さんは、どんな仕事をしていますか?」

この発問により、バスの運転手は、進行方向だけでなく、車内の様子や運賃箱など、実に様々な人・ものに目配りや気配りをしていることを考える展開に導いていきます。

それでは、先の「閉じた発問」で例にあげた、3年「火事を防ぐ」の消火栓の授業の続

きから「開かれた発問」の技を述べていきます。

学校正門前の消火栓に気づいた子どもたちは、学校のまわりの消火栓がどこにあるのか調査活動を行い、地図に●印を置いていきました。

ここで、はじめに、この場面でのまずい発問例を示します。

「何か気づいたことはありませんか？」

「気づいたことは何でもいいから言ってください」という意味になります。この開いた発問は、授業の導入の課題づくりに用いることはあっても、**思考を深めていく段階では不適切**です。子どもたちからは、

「消火栓は学校の周りにたくさんあります」

「消火栓は交差点に多くあります」

「消火栓は一定間隔で並んでいます」

といった鋭い気づきが聞かれますが、思考が拡散した状態です。発問が開かれ過ぎて考える焦点がぼけてしまうと、子どもたちの思考は深まっていきません。


次に、思考を深める発問例を紹介します。

まずは、消火栓の位置から何を焦点化し、考えさせたいのかを明らかにします。

消火栓の設置場所は、消防法に基づき各自治体ごとに道路の交差点、分岐点、大建築物の側壁部など消防活動が便利な場所に設けることになっています。

この授業場面では、「学校のまわりのどんな場所で火災が発生しても、すばやく放水し、消火活動ができる交差点に消火栓が設置されていること」に焦点を絞った発問を地図とセットでしていきます。

そこで、消火栓の数や間隔を変えずに道の真ん中に消火栓を置いた図1を示し、問いかけます。

「消火栓の数が同じであれば、交差点でなくてもよいのではないですか？」

考える焦点を、消火活動における交差点の有効性に絞った発問です。

図２のように火災をいたるところに想定していきます。交差点は、どんな所の火災にも放水による消火活動が最短で行える設置場所であることに思考が深まっていきます。

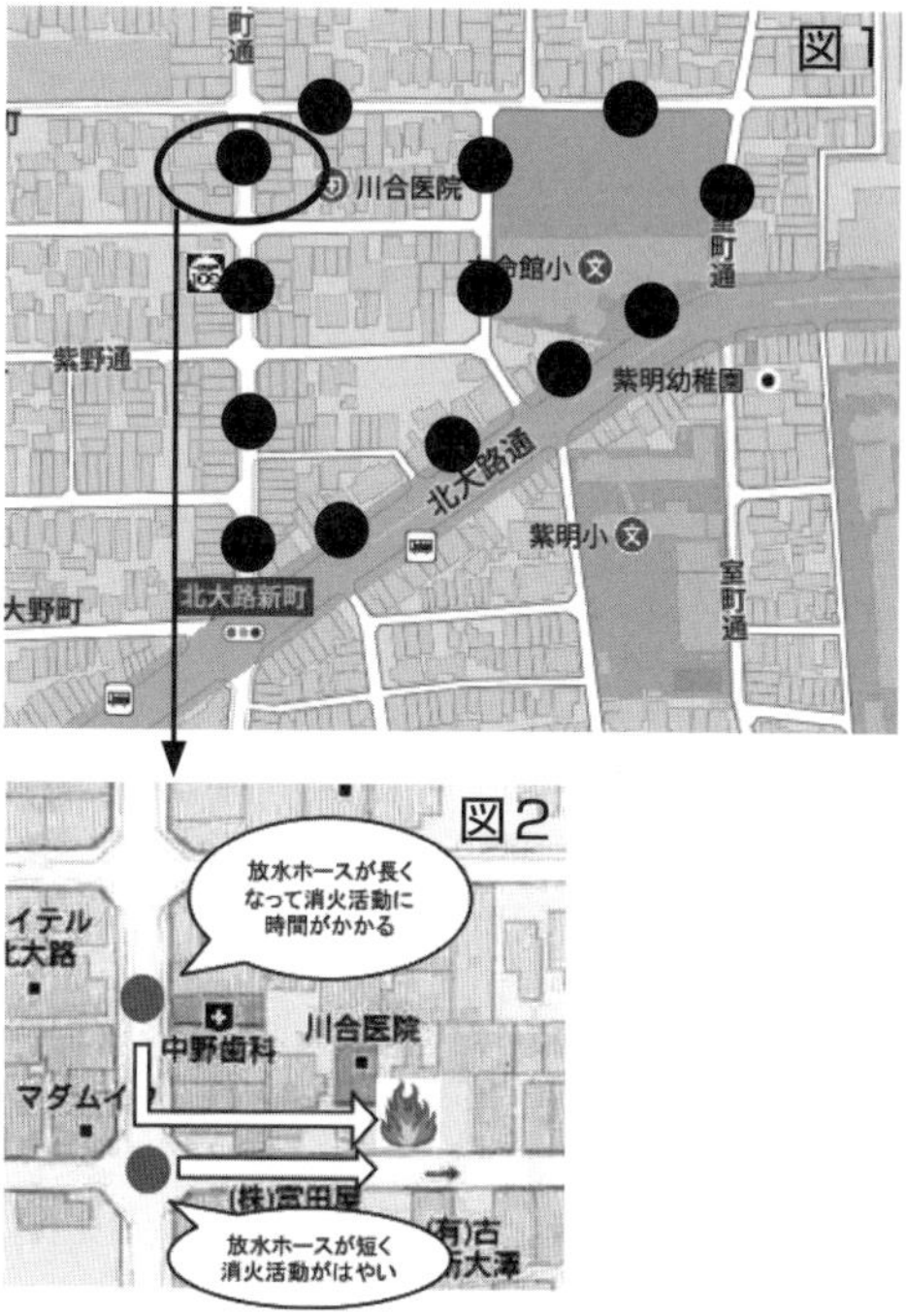

24 つぶやいて再考させる

授業の中で、子どもが「あれ？　変だな」「それは違うと思うな」と、小さな声で独り言を言う場面があります。教師は、その声を拾って授業展開に生かすことがあります。しかし、教師自身がつぶやく姿はあまり見られません。なぜなら、授業者である教師は、教材を熟知しているから自問自答することがないのです。

では、教師が授業の中で「あれ？　変だな」と、つぶやいたらどうなるでしょう。子どもたちは、**「ん？　なんだ…？」といった顔で教師の様子を伺い、自分や友だちの考えを再考しようと動きます。**

教師の意図的なつぶやきは、再考を促す技なのです。

例えば、６年「世界へ進出する日本」で、小村寿太郎が日露講和条約を締結したことや条約改正に成功し欧米諸国と対等な関係を築いたことを学ぶ場面です。小村寿太郎は、日本の外交の立役者になった英雄です。そんな小村の人物像に教師がつぶやきます。

「小村寿太郎を弱腰と罵った人もたくさんいたのか…」

このつぶやきを拾った子どもたちは、外国人を相手に堂々と渡り合った英雄の小村寿太郎に何の落ち度があったのかを再考し始めます。日露講和条約を締結したポーツマス会議でロシアから賠償金が支払われなかったためです。賠償を期待していた国民から「弱腰外交」と罵られ、日比谷焼討事件が起きました。この社会的事象を教師の意図的なつぶやきで引き出し、当時の国民の戦争による財政難を考えさせていきます。

また、北里柴三郎や野口英世の活躍で、日本の国際的地位の向上が図られたことを学ぶ場面で教師が意図的につぶやきます。

「2人ともノーベル賞はとれなかったよな。野口英世は3回も候補にあがったけど…」

北里は破傷風の研究で第1回のノーベル賞候補者となるも、国をあげての応援が得られず逃します。野口は第一次世界大戦勃発で人種差別を受けたことが受賞を逃した要因の1つとされています。真の国際地位の向上とは何かを考えさせることを意図したつぶやきです。

25 ゆさぶり発問で思考力を高める

「ゆさぶり」とは、子どもの既有の認識や物事の解釈に新たな視点を加え、再考させることで、より高次の認識や解釈へと導く働きかけです。多面的・多角的に物事を見て考える力の育成につながります。

ゆさぶる手立てには、資料提示と発問があります。

資料提示については、前章でその要素を含んだ技を紹介しています。

ここでは、当たり前に見たり聞いたりしていたことを覆す、「ゆさぶり発問」の技について述べていきます。

ゆさぶり発問のポイントは、**「認識のずれ」や「解釈不足」に気づかせること**です。

例えば、5年「森林とともに生きる」の学習で、林野庁が2005年から国産材の利用を推進する「木づかい運動」のロゴマーク「サンキュー（３・９）グリーンスタイル」（２００８〜２０１２に使用）に用いていたキャッチフレーズ「国産材、使って減らそうCO_2」に着目してゆさぶりをかけます（ちなみに、３・９は、森林におけるCO_2吸収率の目標値を京都議定書で掲げた数値です）。

「木をどんどん使ったらCO_2が増えませんか？」

森林破壊や森林保護の立場から、多くの子どもや大人たちもが森林伐採についてよい認識や解釈をもっていないと思われます。

しかし、戦後に植林した日本国内の人工林の蓄積量は限界に来ています。森林は植林、手入れ、伐採のサイクルが循環してこそ健全なのです。

国産材をどんどん使うことが環境保全につながるという新たな認識が、ゆさぶり発問によってつくられていきます。

26

「なぜ…か？」の３パターンを使い分ける

「なぜ…か？」と、問いかけることで「開かれた発問」は成立します。

しかし授業者は、経験知による授業展開から、何となく「なぜ…か？」を子どもたちに問いかけています。授業者が「なぜ…か？」の３つの使い分けを意識しているか否かで、授業の質に差が出ます。

次の①〜③を授業の展開場面で意図的に使い分けていきましょう。

①社会的事象の原因を問うことで、背景や条件を追究させる
②社会的事象の理由を問うことで、意図やそこに至ったわけを追究させる
③社会的事象の根拠を問うことで、見方や考え方を追究させる

３つの使い分けの具体例を紹介します。

❶３年「火事をふせぐ」

①原因を問う「なぜ消防隊は、火災現場に早く到着できたのか？」

消防隊が現場に到着するまでの経過や状況を再現することを意図した発問です。

②理由を問う「なぜ消防隊は、火災現場に早く到着できるのか？」

火災通報から出動、到着までの１１９番の仕組みを追究させる発問です。

③根拠を問う「なぜ消防隊は、火災現場に早く到着しようとするのか？」

消火活動に取り組む消防士の信念や願いなどを引き出す発問です。

❷６年「長篠の戦い」

①原因を問う「なぜ、長篠の戦いは起きたのか？」

連合軍と武田軍が戦いに至った事実をもとに背景や状況を再現させる発問です。

②理由を問う「なぜ、織田・徳川の連合軍は、長篠の戦いを起こしたのか？」

連合軍が長篠で戦いを起こした意図を探らせる発問です。

③根拠を問う「なぜ、織田・徳川の連合軍は、長篠で戦いを起こすべしと考えたのか？」

天下統一を目指す織田信長の戦略について考えさせる発問です。

27

「どちらが…か?」で全員参加を促す

「どちらが…か?」は二者択一を迫る問いで、「なぜ…か?」よりは答えやすい「開かれた発問」です。授業にリズムとテンポをつくり出す「閉じた発問」に近いものがあるので、単元や授業のはじめに位置づけることが多い発問です。**学級全員が、AかBかを意思決定して授業に進んで参加する姿が期待できます。**

意思決定させる際は、子どもたちの学習や生活経験から根拠を引き出しましょう。また、体験活動を通して、子どもたちの感性に働きかけ決定させることも大切です。

3年「わたしたちの京都市」の学習で、北山杉を教材化し

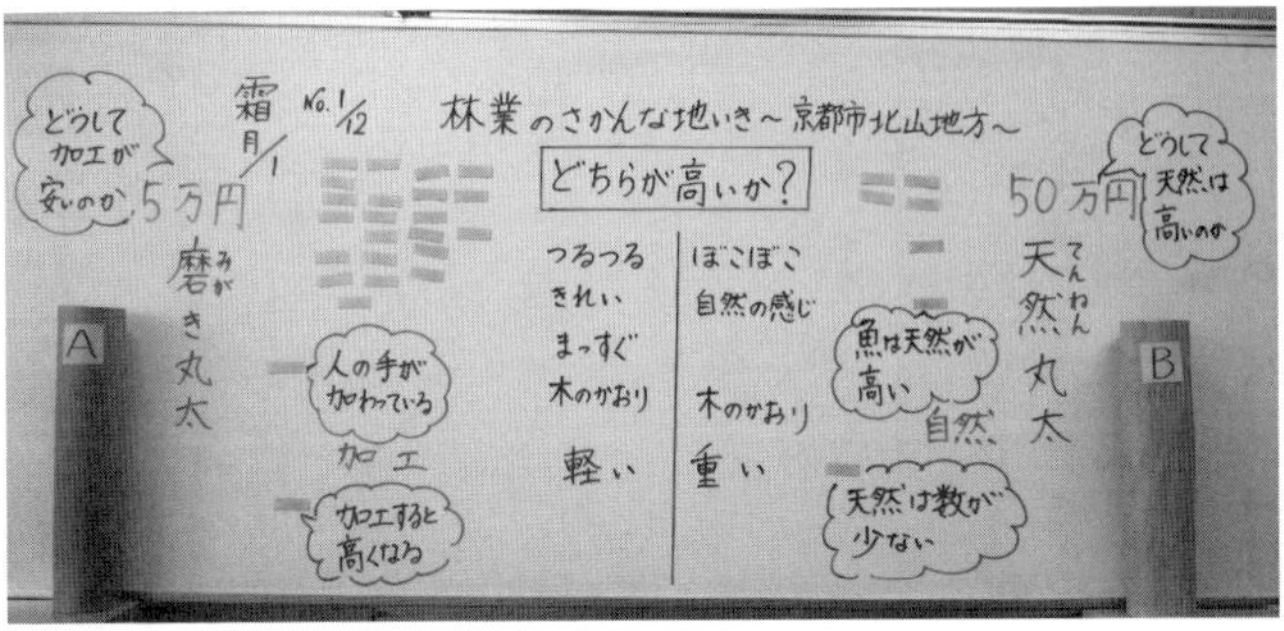

た単元の導入を紹介します。

床柱に用いられる北山丸太を２本、名前を伏せて提示しました。

「AとBではどちらが高いでしょうか？」

子どもたちは、見た目、手触り、香り、重さなどを根拠にネームプレートをボードに貼って意思決定していきます。その後、Ａ「磨き丸太」、Ｂ「天然丸太」という名前を明かします。

「磨く作業が加えられているから高い」

「魚と同じく天然が高い」

といったように、学習や生活経験を基にした根拠がさらに加わります。

このように、「どちらが～か？」は、根拠を明らかに全員が意思決定し参加できる発問です。

28

「これから○○はどうなる?」で未来予測させる

「これからの米の消費量と生産量はどうなる?」

「鎖国した後の日本はどうなる?」

この発問で、子どもたちは今まで学習してきた知識を総動員して考え、判断し、未来予測をします。裏を返せば、**授業者のそれまでの指導内容が問われることになります。**

未来予測させる発問のポイントは、以下の3点です。

いつ…学んだことが発揮できる単元や授業展開の終末
何を…統計グラフや歴史的事象の続き
どうする…根拠を基に考え、判断し、予測を立てる

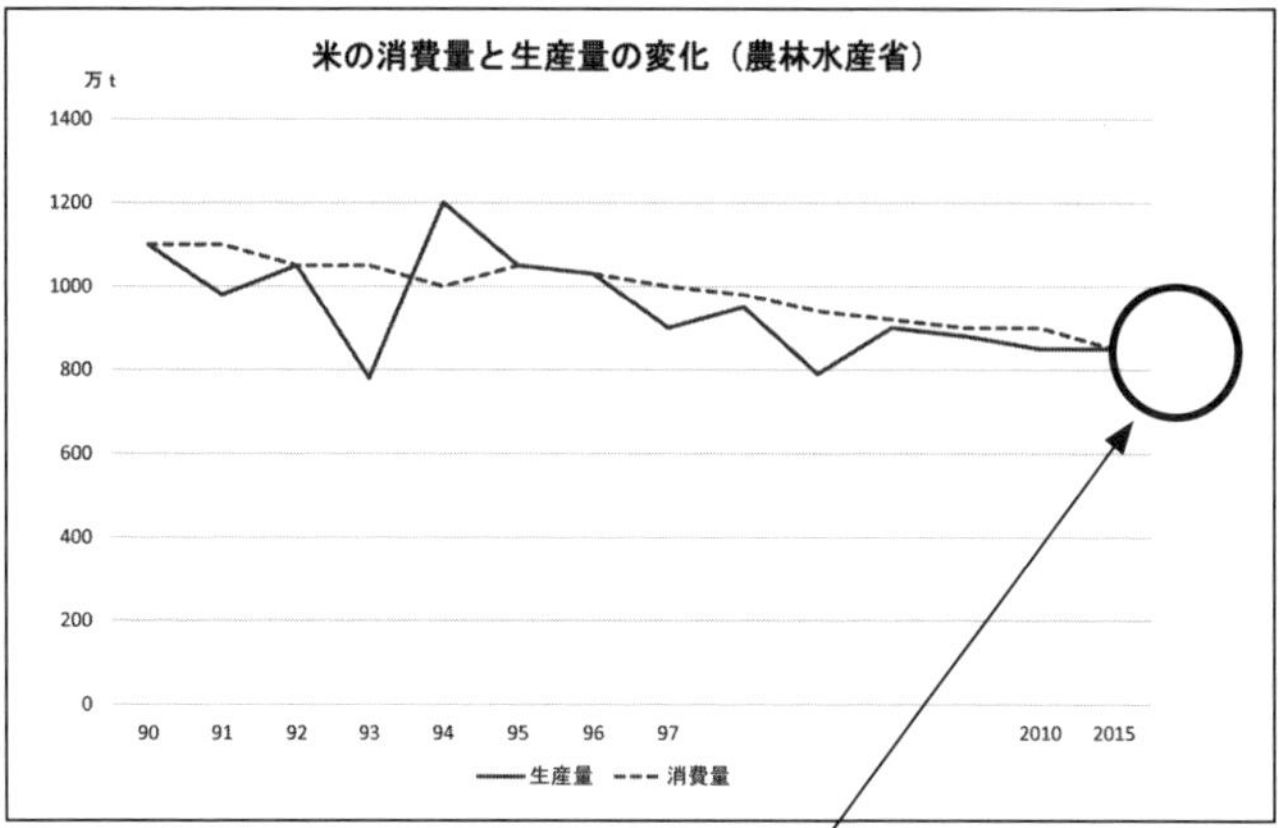
米の消費量と生産量の変化（農林水産省）
万ｔ
1400
1200
1000
800
600
400
200
0
90
91
92
93
94
95
96
97
2010
2015
生産量
消費量

❶折れ線グラフの続きを予測させる

５年「米づくりがさかんな地域」を例にします。単元終末に米づくりがかかえる問題を「米の消費量と生産量の変化」の折れ線グラフから読み取り、今後を未来予測する場面です。

「これから米の消費量と生産量はどうなるのかな？グラフの続きを考えましょう」

子どもたちは既習内容から次の根拠となる資料や事象を取り出し総合的に考え判断していきます。

・米の作付面積の変化
・農業の高齢化、後継者問題
・２０１８年から米産地の自由な生産と販売が開始
・質の高い米づくりや新しい米商品の開発

根拠をしっかりともって予測したグラフを基に、互いの見方や考え方を交流していきます。

❷歴史単元の終末で今後の世の中を推論させる

6年の歴史学習における子ども一人ひとりのレディネスの差は、他領域と比べると大きいものがあります。

「この後、歴史はどう動いたかな？」

という発問を単元終末で用いることで、歴史に苦手意識がある子どもも、既習内容を基に次の単元への興味・関心を膨らませることができます。

6年「江戸幕府と政治の安定」の終末では、「幕府は、外国との貿易や交渉を行う場所を厳しく制限し、利益や情報をほぼ独占した鎖国を200年以上続けた」という事象を学びます。

「鎖国が解かれた後の日本はどうなるかな？」

歴史に詳しい子どもは、ペリーの来航や倒幕運動を知っています。そのことは事実として認めながら「一国一城令」「参勤交代」「武家諸法度」「キリスト教禁止」「日本人の海外渡航・帰国禁止」など、幕府安定のための政策が、諸外国から政治、軍事、産業の面で遅れをとる原因となったことを確認します。幕府の役人や一部の者だけが政治を行う世の中から、開国後の世の中はどうなるのか推論し、次の学びへの関心を高めていきます。

第5章

板書が もっと うまくなる 5の技

29 基本レイアウトを押さえる

板書の基本である8パーツを示します。カッコ内はその目的です。

①陰暦の日付（昔ながらの季節感や伝統行事を大切にしようとする心情を養う）
②単元の時数（単元全体における学習の位置を確認する）
③単元名（学んでいる社会的事象を常に意識できるようにする）
④学習問題と予想（本時の問題や課題を明確にして学びの方向性を決める）
⑤資料（写真や絵図、グラフを基に問題解決のための根拠を見いださせる）
⑥子どもの考え方を表す言葉（問題解決への思考の道筋を可視化する）
⑦重要語句（社会的事象を表す用語をしっかりと身につけさせる）
⑧まとめ（本時の学習成果を確認し、学びの達成感を味わわせる）

次に、8パーツの基本レイアウトと実例を示します。

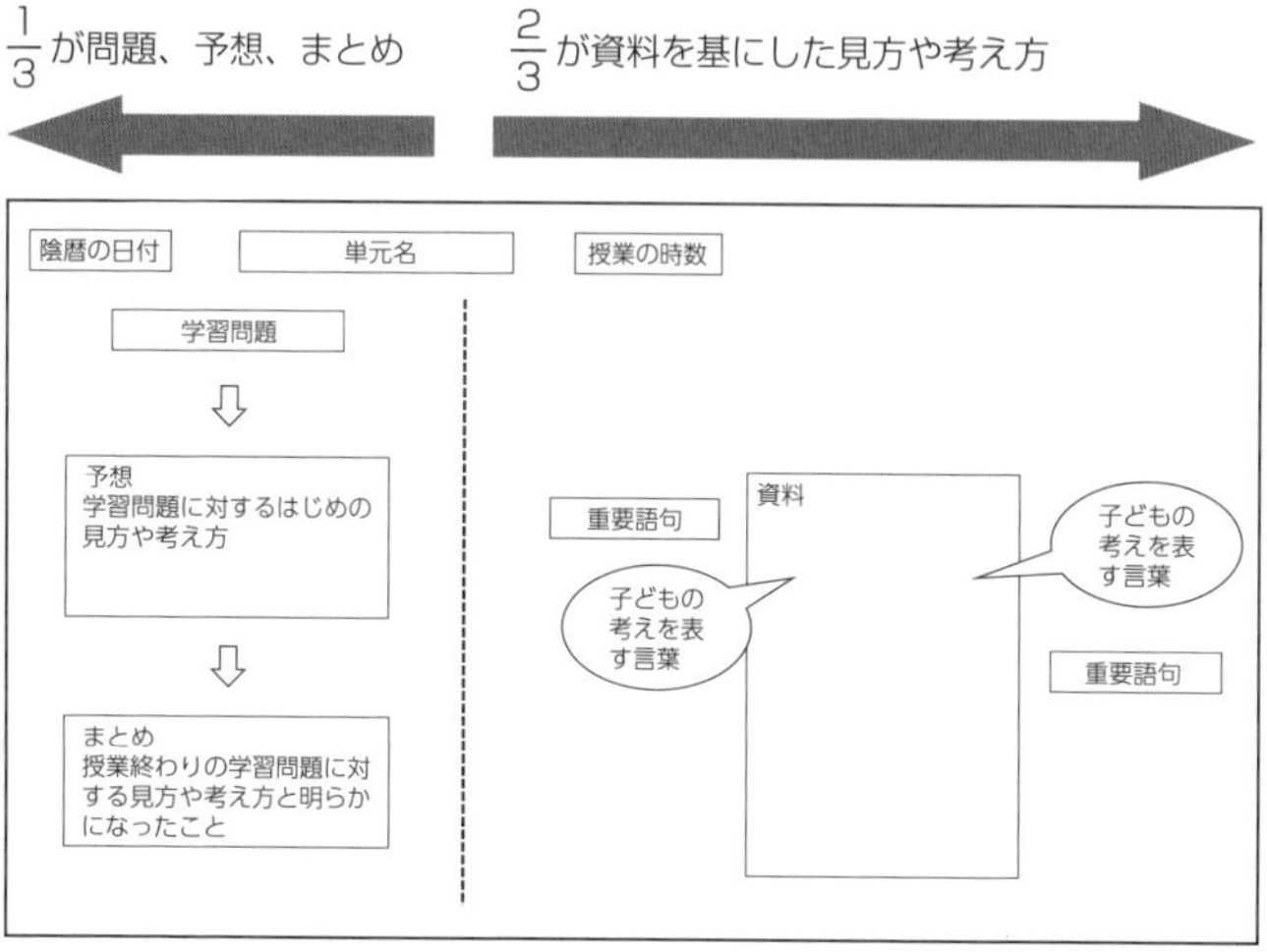
1/3が問題、予想、まとめ
2/3が資料を基にした見方や考え方
陰暦の日付
単元名
授業の時数
学習問題
予想
学習問題に対するはじめの見方や考え方
まとめ
授業終わりの学習問題に対する見方や考え方と明らかになったこと
重要語句
資料
子どもの考えを表す言葉
子どもの考えを表す言葉
重要語句

基本レイアウト

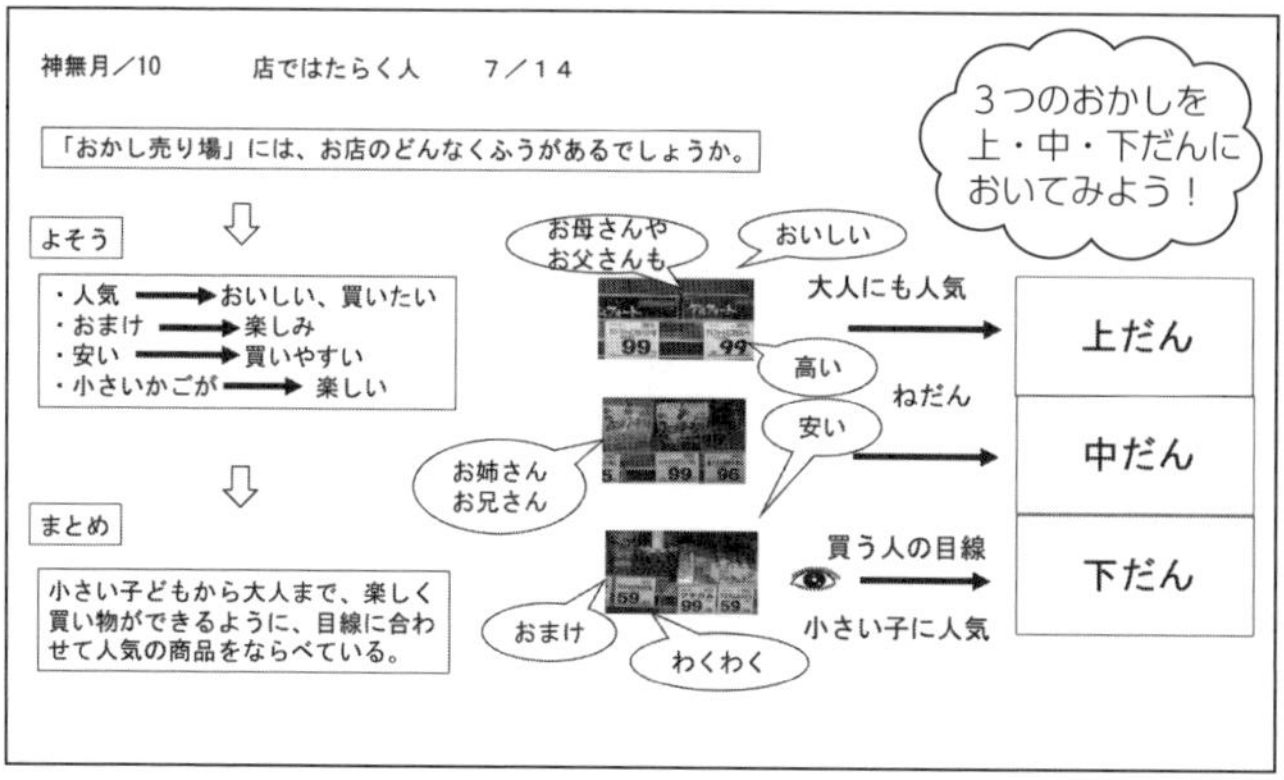
神無月／10
店ではたらく人
7／14
「おかし売り場」には、お店のどんなくふうがあるでしょうか。
よそう
・人気→おいしい、買いたい
・おまけ→楽しみ
・安い→買いやすい
・小さいかごが→楽しい
まとめ
小さい子どもから大人まで、楽しく買い物ができるように、目線に合わせて人気の商品をならべている。
３つのおかしを上・中・下だんにおいてみよう！
お母さんやお父さんも
おいしい
大人にも人気
高い
ねだん
安い
お姉さんお兄さん
買う人の目線
おまけ
わくわく
小さい子に人気
上だん
中だん
下だん

実例

30

子どもと共に「問い」を設定する

子どもの内発的動機づけを大切にして「問い」を設定したいと思いながらも、教師が一方的に、「○○でしょうか?」と問いを板書してしまうことが多いものです。

そこで、子どもと共に「問い」を設定するための板書の手順を紹介します。

❶教師が提示したい問い「○○は、なぜ△△なのだろうか」を決める。
❷問いの対象である「○○」のみを板書する。
❸追究内容の「△△」を引き出すためのはたらきかけをする。
❹子どもが発する声から「△△」を板書する。

この手順で重要かつ難しいのが❸です。**教師が意図した△△を引き出すから**です。

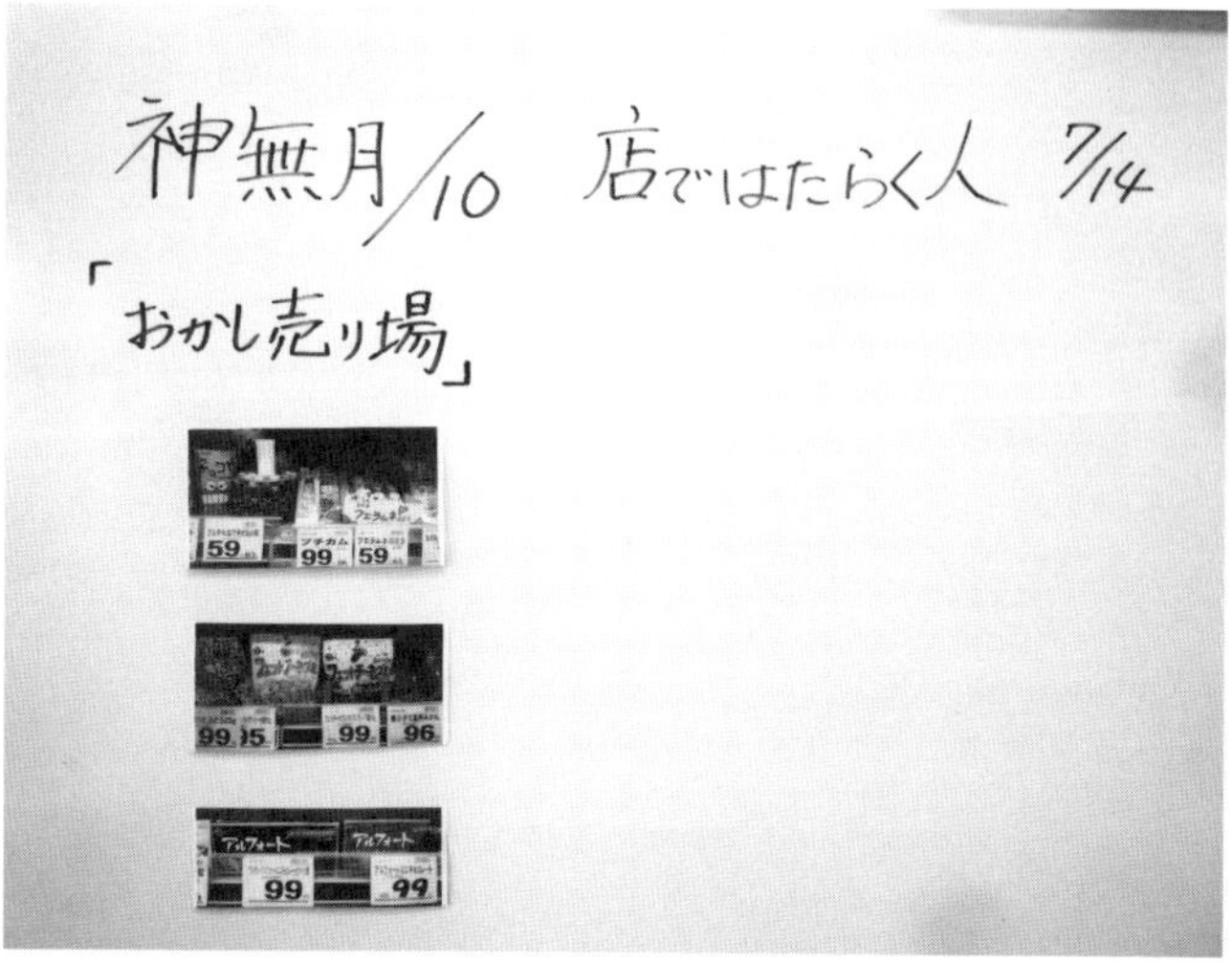

では、前項で基本レイアウトとともに例示した「店ではたらく人」を基に、子どもと共につくる「問い」を板書の手順に従って説明します。

❶教師が提示したい問いを決める

「おかし売り場には、どんなならべ方のきまりがあるのだろうか」

❷問いの対象である「〇〇」のみを板書する

ここでは、問いの対象である「〇〇」は「おかし売り場」になります。上の板書例のように、おかし売り場の写真を提示しながら板書します。

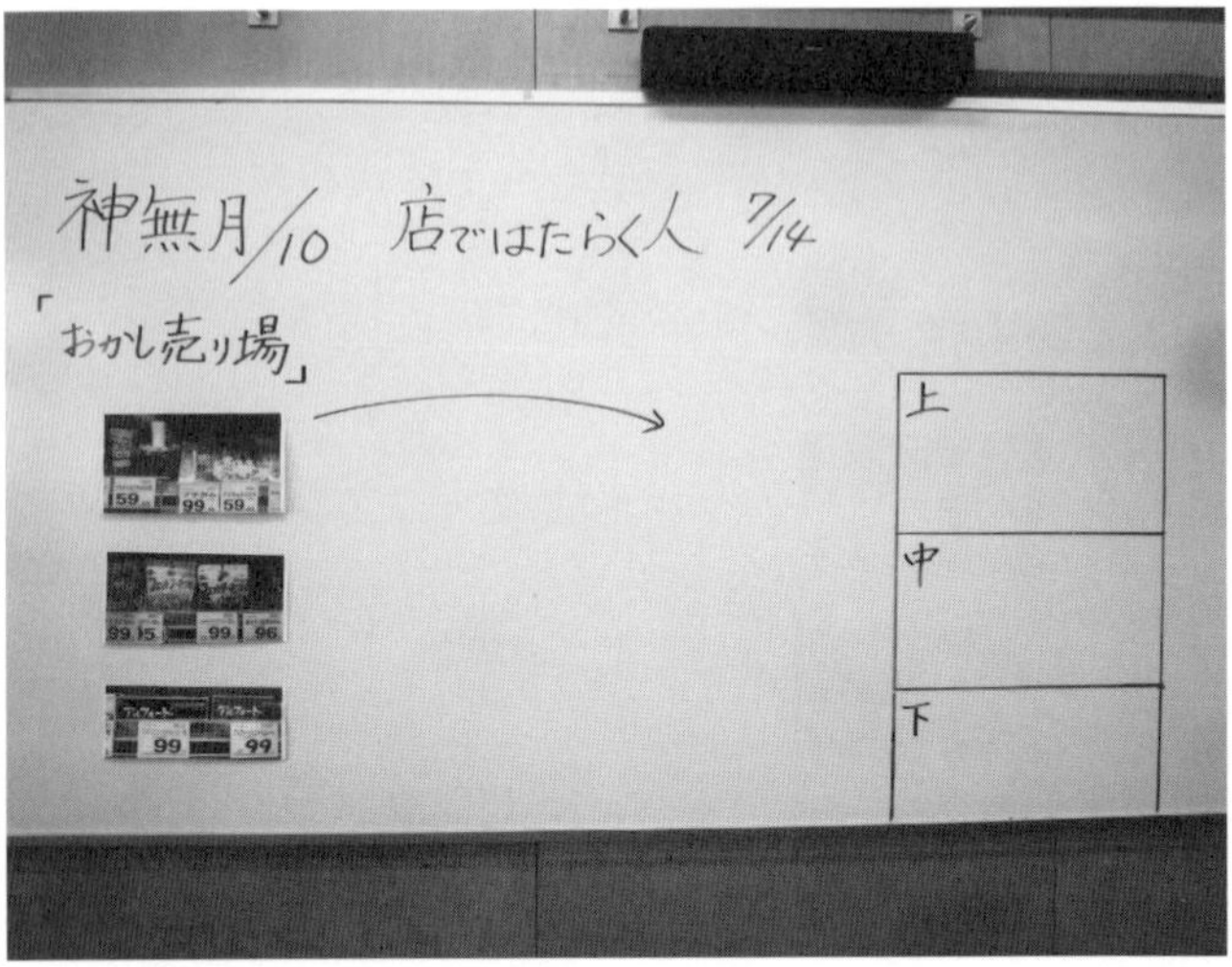

❸追究内容の「△△」を引き出すためのはたらきかけをする

続いて、追究内容の△△（ここでは「ならべ方のきまり」）を引き出すために、上の板書例のように、売り場の棚をかきます。

❹子どもが発する声から「△△」を板書する

おかし売り場の棚をかいたところで、教師が提示したい問いの設定につながる子どもの声が聞こえてきたり、動作が見られたりするようになります。

「キャラクターのおかしは下だよ」
「チョコレートは上の棚だな」
「ちょっと動かしてもいいですか？」

そこで教師が、

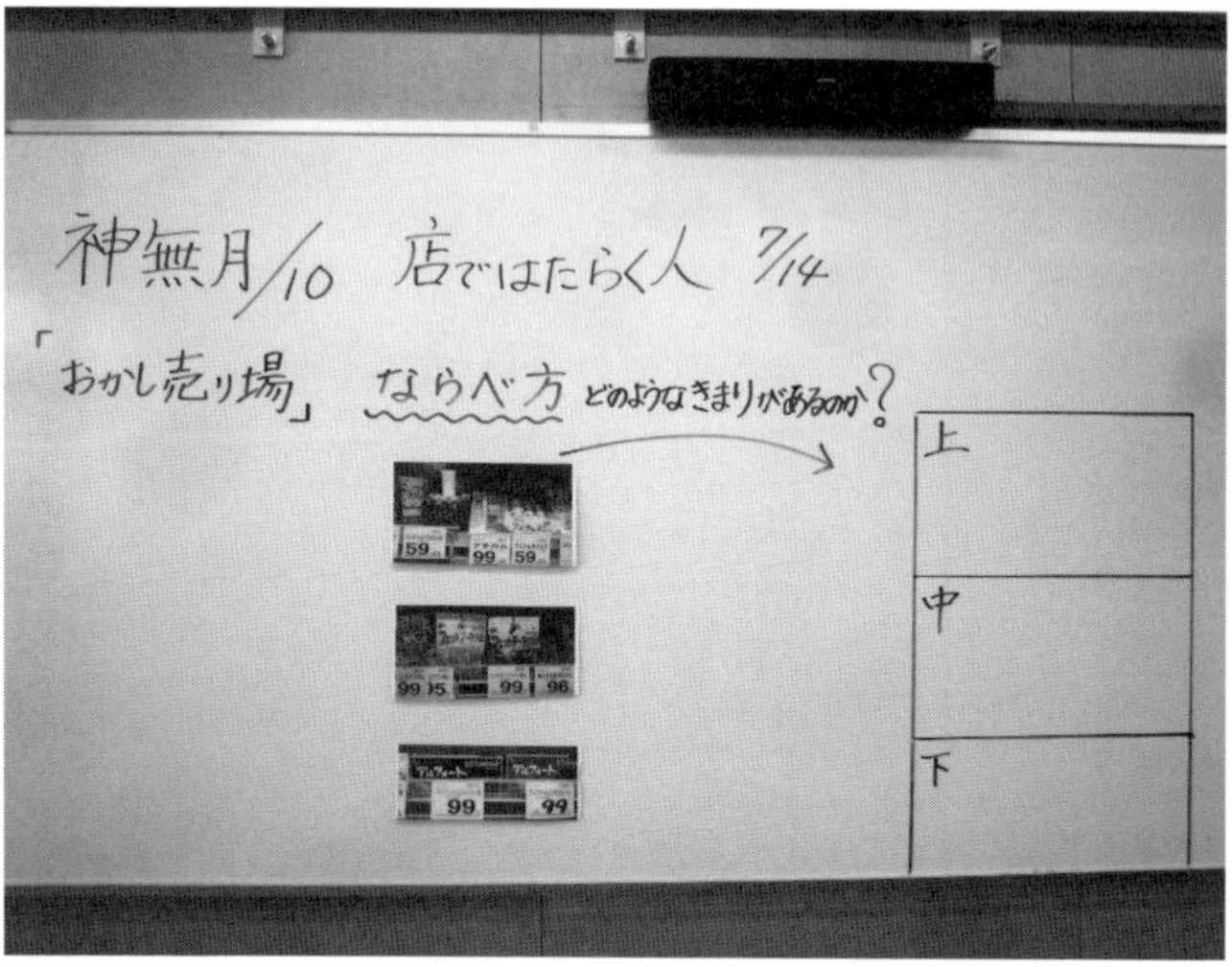

「おかし売り場の何を知りたい？　考えたい？」

と、問いかけます。

ここで「ならべ方」「きまり」といった追究内容のキーワードを子どもたちと共有して板書します。

このようにして、「おかし売り場には、どんなならべ方のきまりがあるのだろうか」という本時の問いが、子どもたち主体で設定されていきます。

31

「深い学び」を可視化する

新しい教育課程では、「主体的・対話的で深い学び」が重視されています。とりわけ、子どもたちが「見方・考え方」を働かせ、新しい価値を創造していく「深い学び」の様子が板書からも見て取れるようにしたいものです。

そこで、次の4つのパーツを用いて「深い学び」の姿を板書にて可視化していきます。裏を返せば、**板書にこのパーツがない授業では、「深い学び」が成立していない**ことになります。

❶何について追究しているのかを示すキーワード
❷子どもたちの「見方・考え方」を示す吹き出し
❸子どもたちの「見方・考え方」が整理、統合、拡散、連続していく様子を表してい

る矢印

❹対話によって見いだされた新たな「見方・考え方」を表す重要語句

　では、引き続き「店ではたらく人」の授業を基に、「深い学び」を可視化する板書について紹介します。

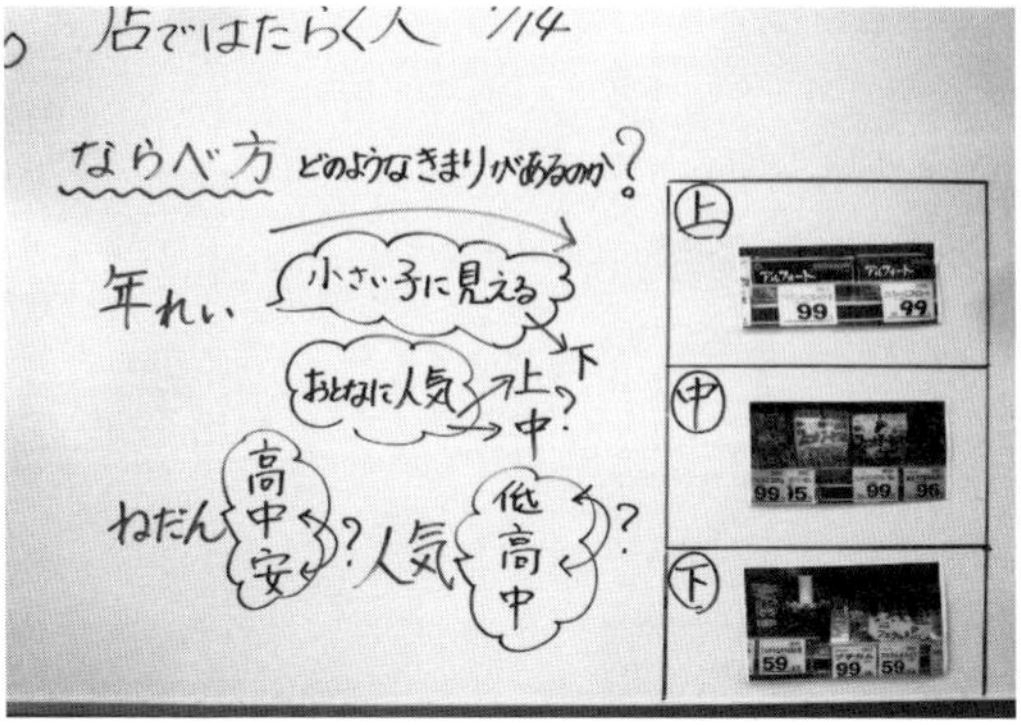

❶何について追究しているのかを示すキーワード

　子どもの発言から「年れい」「ねだん」「人気」をキーワードとして板書し、商品の並べ方をどうするか交流しています。

❷子どもたちの「見方・考え方」を示す吹き出し

　「年れい」に着目すると、幼稚園の子向けは下の段、小学生向けは中の段、大人向けは上の段、といった声が

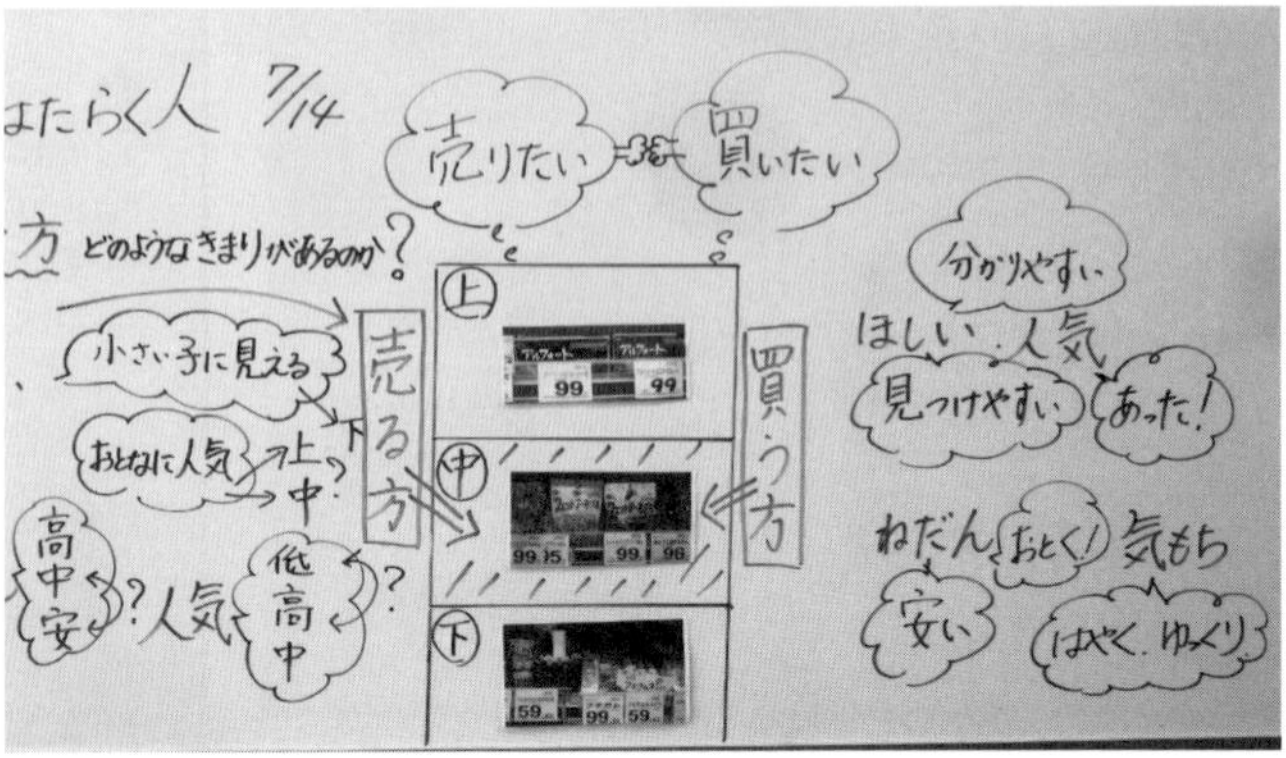

聞かれます。吹き出しには、子どもの声を端的に書き表していきます。

❸子どもたちの「見方・考え方」が整理、統合、拡散、連続していく様子を表している矢印

店と客の立場から商品の並べ方を考えたところで、「売りたい」という目的と「買いたい」という思いが合致することの大切さを、双方からの握手で表しています。

❹対話によって見いだされた新たな「見方・考え方」を表す重要語句

問いを解決するうえで重要となる語句の「売る方」「買う方」は赤字で示しています。

さらに、次ページ板書の左下のまとめ（「売る方は、

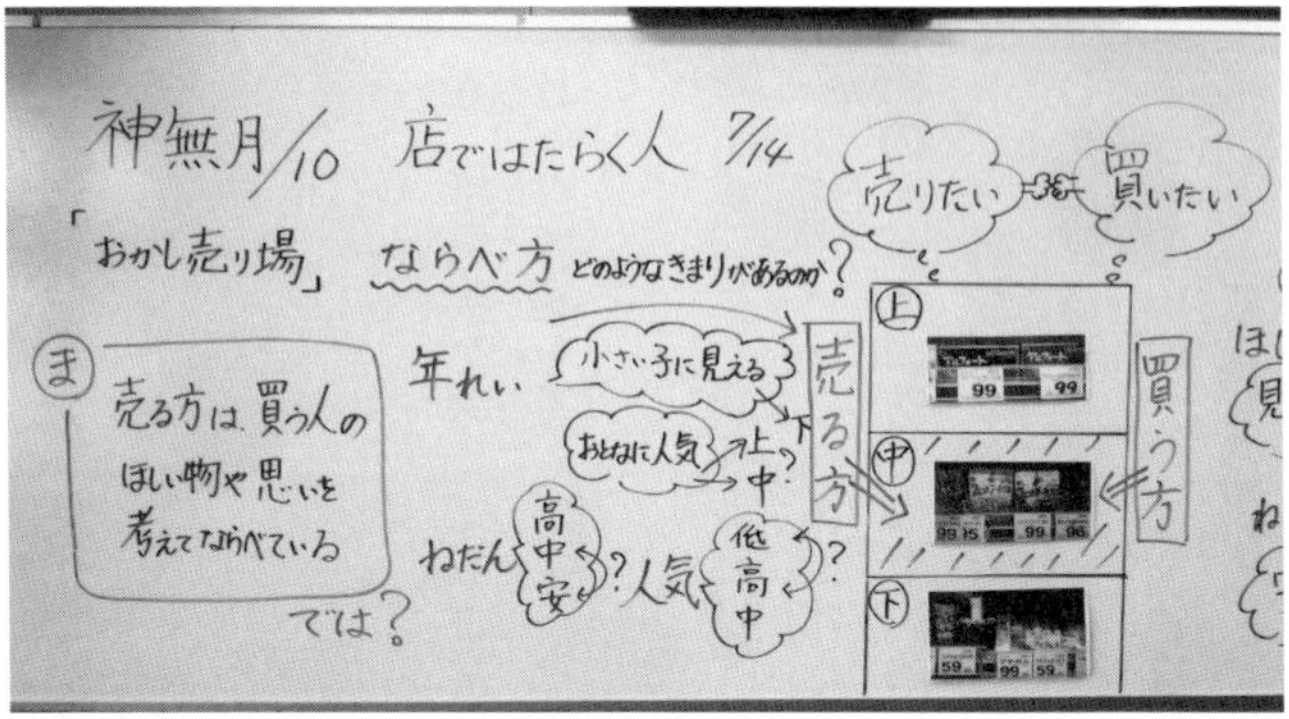

買う人（方）のほしい物や思いを考えてならべている」）の部分のように、授業のまとめにおいても、授業展開の中で出てきた重要語句を用いて書き表すようにします。

32 板書案から授業案をつくる

Ａ　授業案を考えて板書案をつくる。
Ｂ　板書案を考えて授業案をつくる。

教育実習生や新任教師は、Ａタイプが多いのではないかと思います。

一方で、ベテラン教師になると、詳細な授業案がなくても授業が成立します。それは、**板書のイメージをもっているから**です。ベテラン教師は、目の前の子どもたちの学びを見て取り、暗黙のうちに板書のイメージ図を描きながら授業を構想しているのです。

Ｂタイプは、イメージを膨らませたり変更したりすることの自由度が大きく、やり直しもききやすいので、授業の質が向上します。

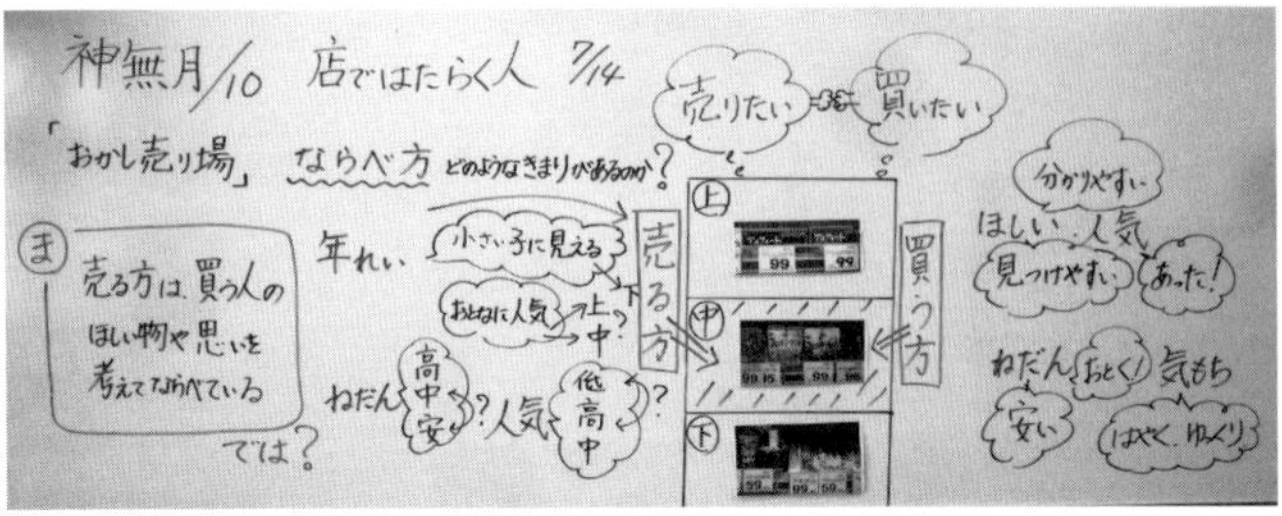

単元名「店ではたらく人」（本時７/１４）

（１）目標

・「おかし売り場」の棚陳列を店と客の双方の立場から考えることで、売るための工夫に気付くことができる。

（２）展開案

学 習 活 動	教 師 の 働 き か け
１．菓子売り場の上・中・下段の３つの商品と３段棚から問いづくりを行う。 ＜問い＞ **「おかし売り場」のならべ方には、どんなきまりがあるのだろうか。** （10分）	○　菓子売り場の棚の上・中・下段の商品をランダムに提示し「おかし売り場」への関心を高める。 ○　問いの対象となる「おかし売り場」を板書した後、３段の商品棚を描き、問いの内容へと意識を向けていく。
２．対話のキーワードをもとに商品の陳列の仕方について考えを交流する。 ＜店の立場＞ ・売れ筋（人気） ・値段 ・年齢 など ＜客の立場＞ ・買いたいもの（人気） ・値段 ・安心、安全（買いやすさ） など （30分）	○　３つの商品のコピーを子ども一人ひとりに配付し、個人で考える時間を確保する。その後、ペア学習→一斉学習へと形体を変え、見方や考え方を交流させていく。 ○　はじめは、店側の視点から商品をならべていくことが予想される。タイミングを見計らい需要語句となる「売る方」を板書し、もう一方の「買う方」の視点に目を変えていかせる。 ○「売りたい」「買いたい」を吹き出しにて書いた後、「お客の立場を考えたら商品の並べ方を考え直した方がよいか？」と問い、陳列の仕方を再考させていく。
３．商品の棚の陳列の仕方についてのきまりについてまとめる。 （５分） ・売り方は、買う人のニーズ（ほしい物、安い物、安全・安心な物）を考えてならべている。・・・のではないか？	○　問いに対するまとめは、消費者のことを考えた販売側のことばでまとめるようにする。 ○「お菓子売り場のほかの商品は、どのような並べ方になっているか」を問いかけ、次時への学びの方向付けをしていく。 ○次時で店の見取り図をもとに様々な食品の陳列を考えた後、見学学習へと進める。

33 板書案と実際の板書を比較・検討する

実際に授業を行うと、案通りには展開しないことが多いものです。

大きくはズレないにしても、資料提示による問いの引き出し方が甘かったり、発問による反応が想定外であったりなどは、熟練の教師にも起こるものです。また、教育実習生が授業後に「板書通りいきませんでした」と反省する言葉をよく耳にします。プラスに捉えるならば、目の前の子どもに寄り添った授業を展開したことになります。いずれにしても、「問題設定」「資料提示」「発問・指示」「まとめ」といった視点から授業展開のあり方を吟味し、授業改善を図らなければ、プロの授業者としての道は閉ざされてしまいます。

そこで、授業改善に最も役立つ方法が、板書案と実際の板書の比較・検討です。

次に、3年「店ではたらく人」の実際の授業展開の様子を紹介したうえで、板書案と実際の板書を先の「問題設定」から「まとめ」までの視点で比較・検討していきます。

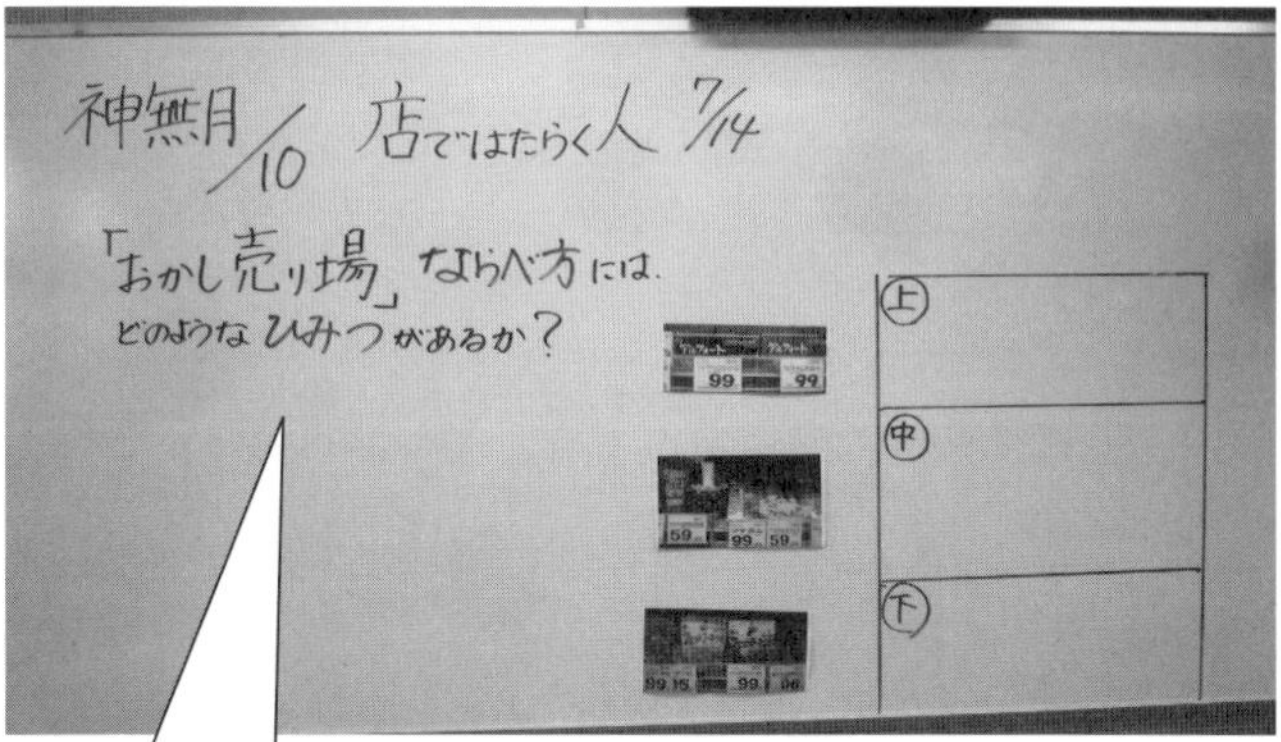

おかし売り場の３つの商品と３段棚の提示から、本時の問いが設定されました。板書案では、「どんなきまりがあるか」でしたが、子どもの声から「きまり」を「ひみつ」に変更しました。

その後、子ども一人ひとりが店長になりノートに商品の陳列の仕方とそのわけを考える展開へと進みました。

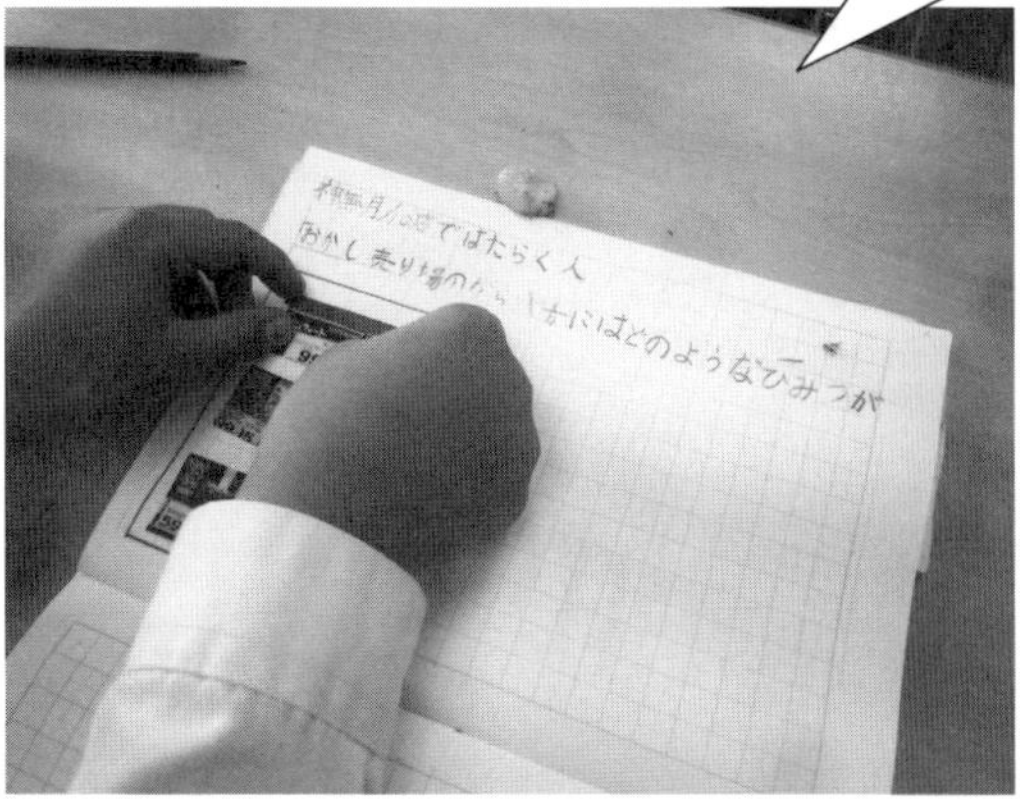

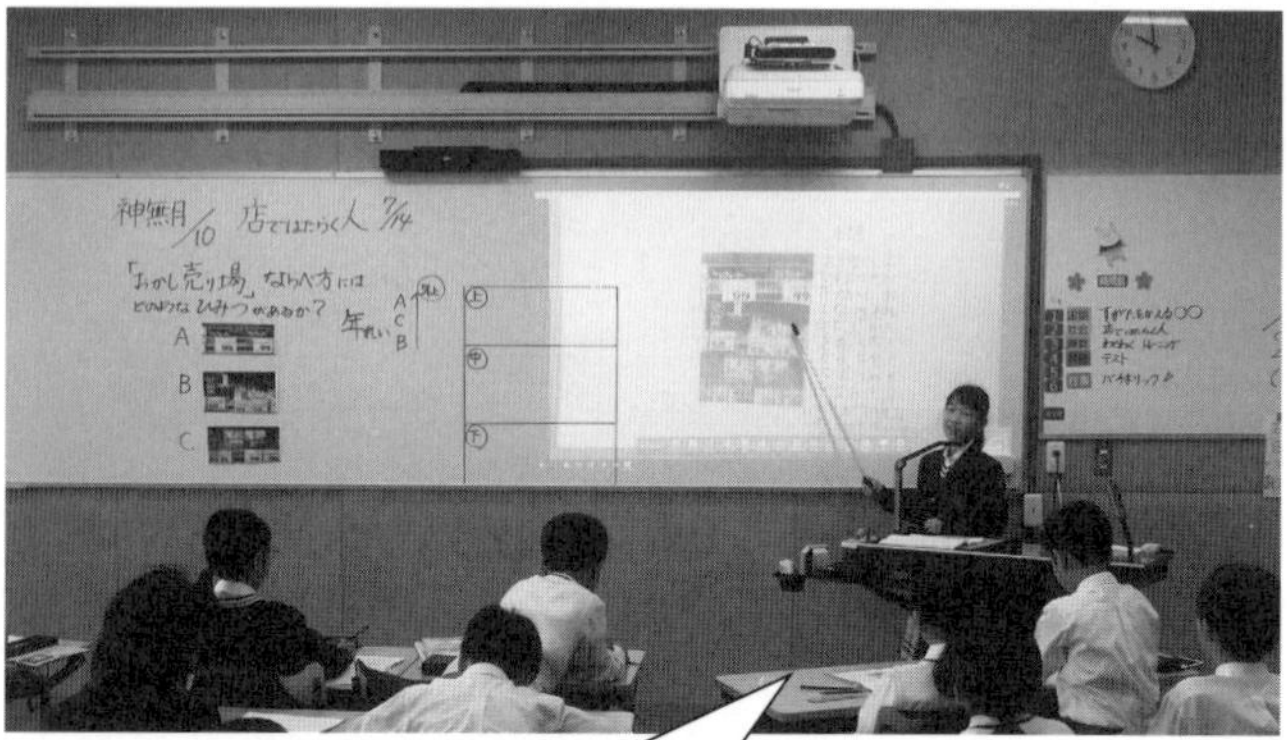

小さい子も安全に商品が取れるように商品を並べる考え方には「なるほど！」の声が上がりました。

子どもたちが考えた商品の並べ方のポイントを「年れい」「ねだん」「人気」「背」「好み」「しゅるい」「安全」として板書しました。

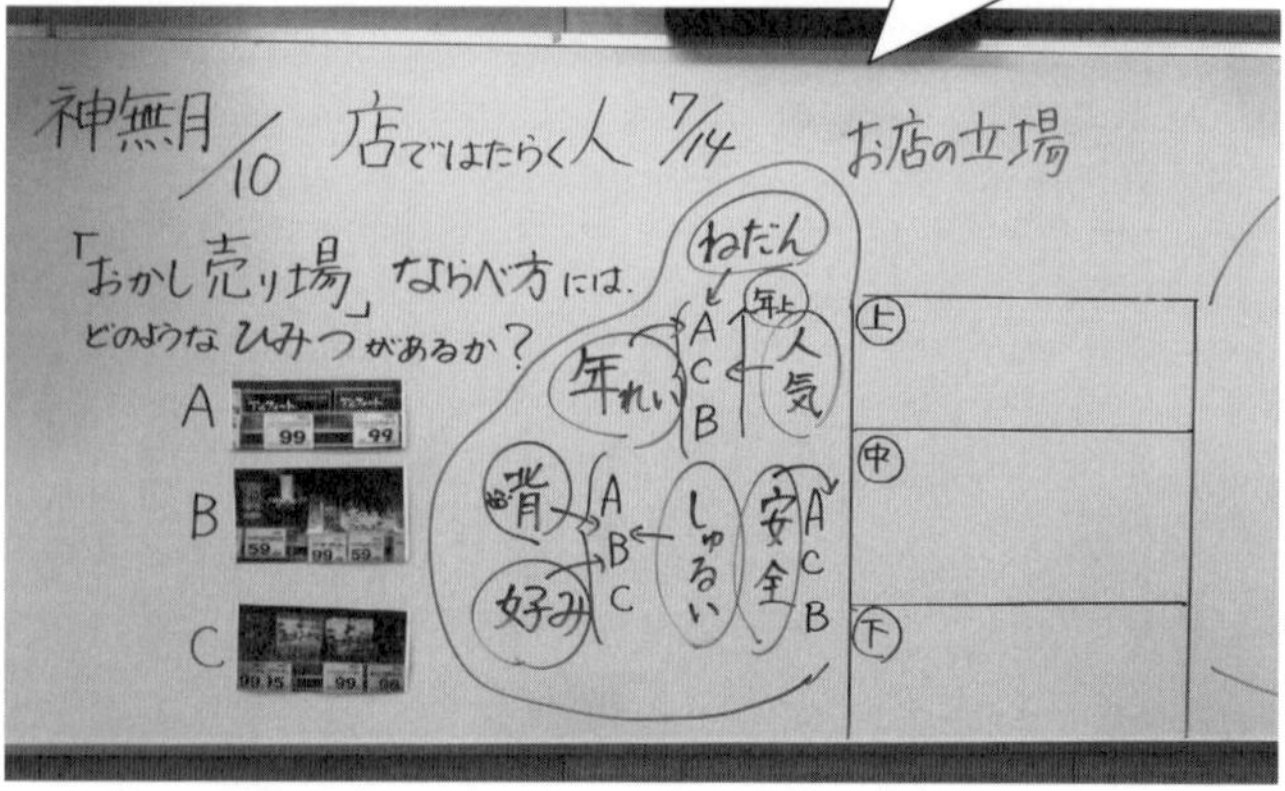

板書案

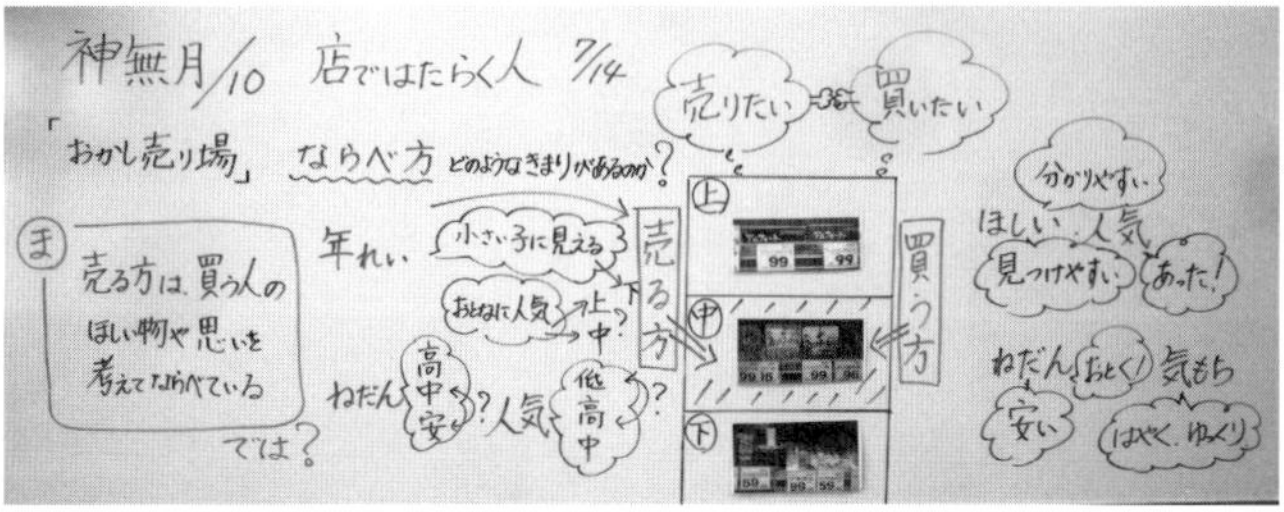

板書案と実際の板書を比較すると、大きなズレが認められないことから、問題設定、資料提示、発問・指示は適切だったと考えられます。しかし、客の立場から出された「新しい」「長もち」という声を「安全」「新鮮」の重要語句と捉え、まとめに位置づける展開に欠けていたと反省しました。

実際の板書

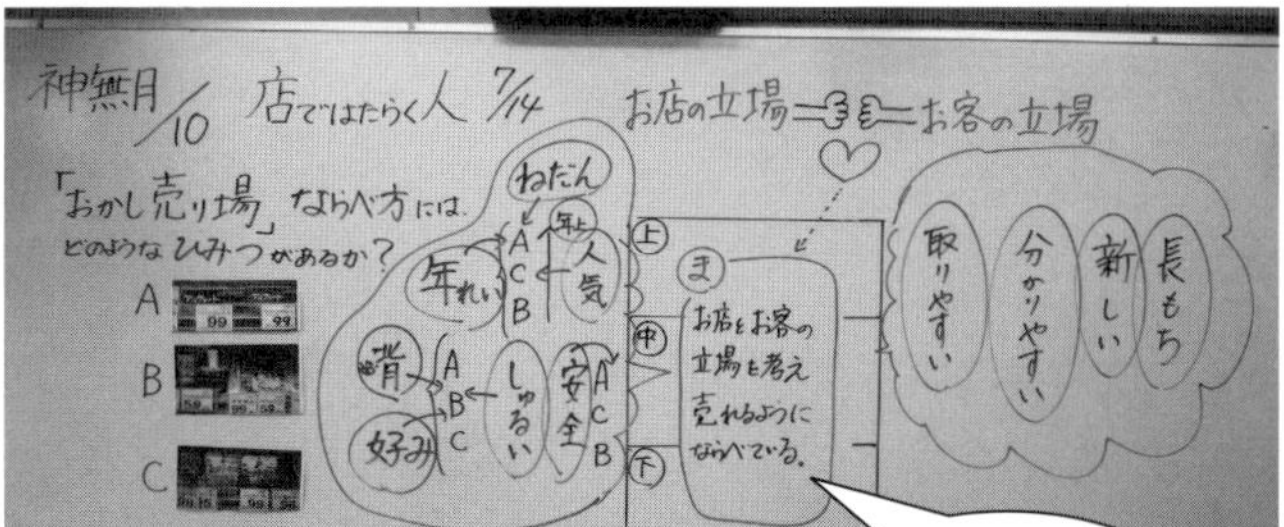

「安全や新せんさ
に気をつけて」

第6章

ノート指導が もっと うまくなる 3の技

34

ノートを3段階でステップアップさせる

ノート指導は、板書と一体化して扱わなければなりません。

そこで、まず第1段階として、4月は板書をノート1ページに丁寧に、速く、正確に視写することから始めます。

そして、次のようにステップアップを図っていきます。

第1段階（4月〜6月） 板書を丁寧に、速く、正確に視写する
第2段階（7月〜12月） 自分が思ったり考えたりしたことを書く
第3段階（1月〜3月） 友だちの発言に対して自分の見方や考え方を書く

第2段階になると、1時間の授業でノート1ページでは足りなくなります。そこで、ノ

ート見開き2ページのレイアウトを指導します。

見開きで上のページが板書の視写です。そして、下のページが自分の考え方を書くページで、有田先生が**「思考の作戦基地」**と言われたものです。

第3段階では、友だちの考えもノートに記し、それについての自分の考えを、吹き出しを用いて加えるように助言していきます。また、矢印や○×△の記号を活用すると考えを整理するのに便利なことも教えていきます。

第2段階のノートのレイアウト

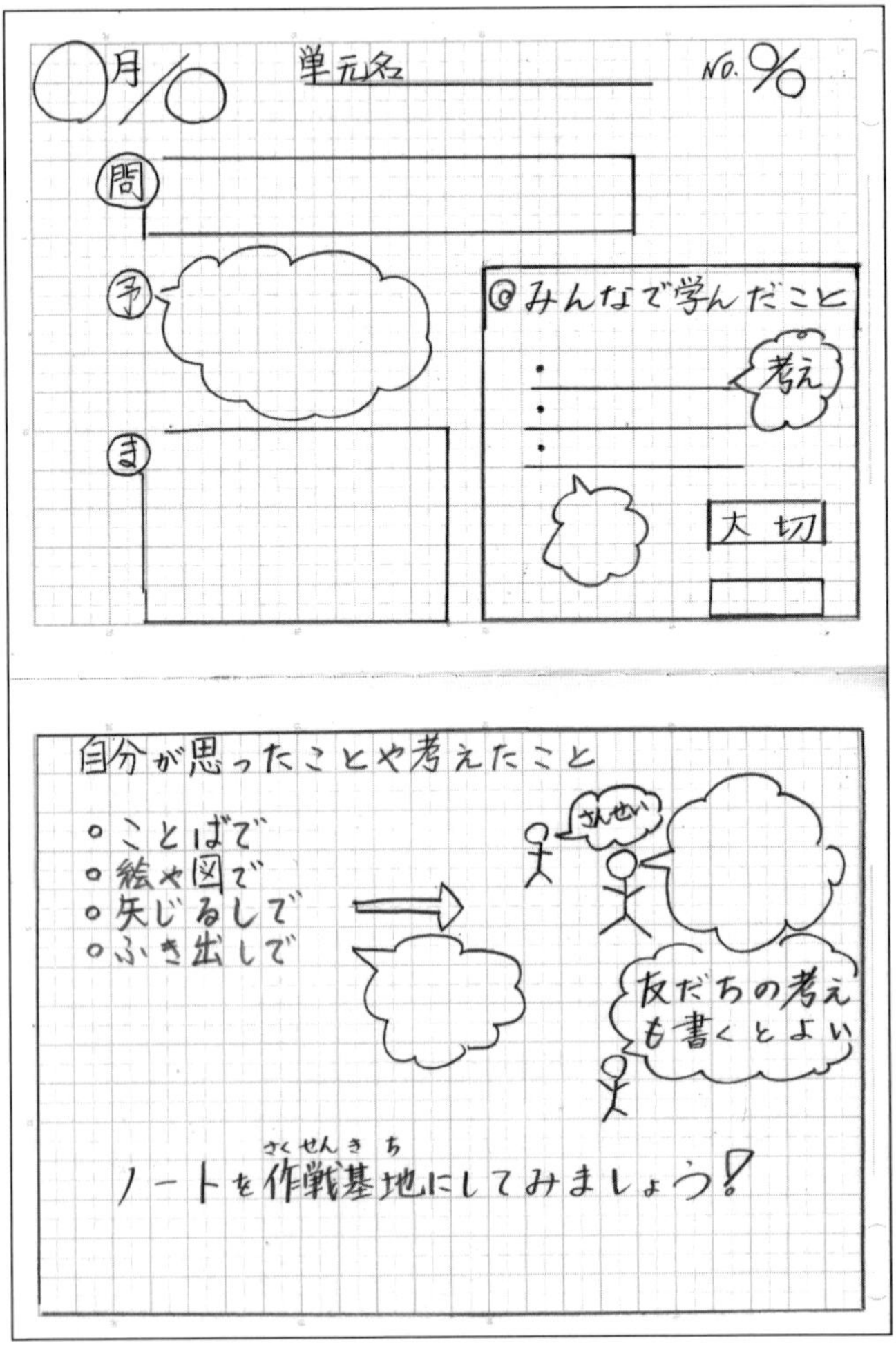

３年「店ではたらく人」のノートの実例

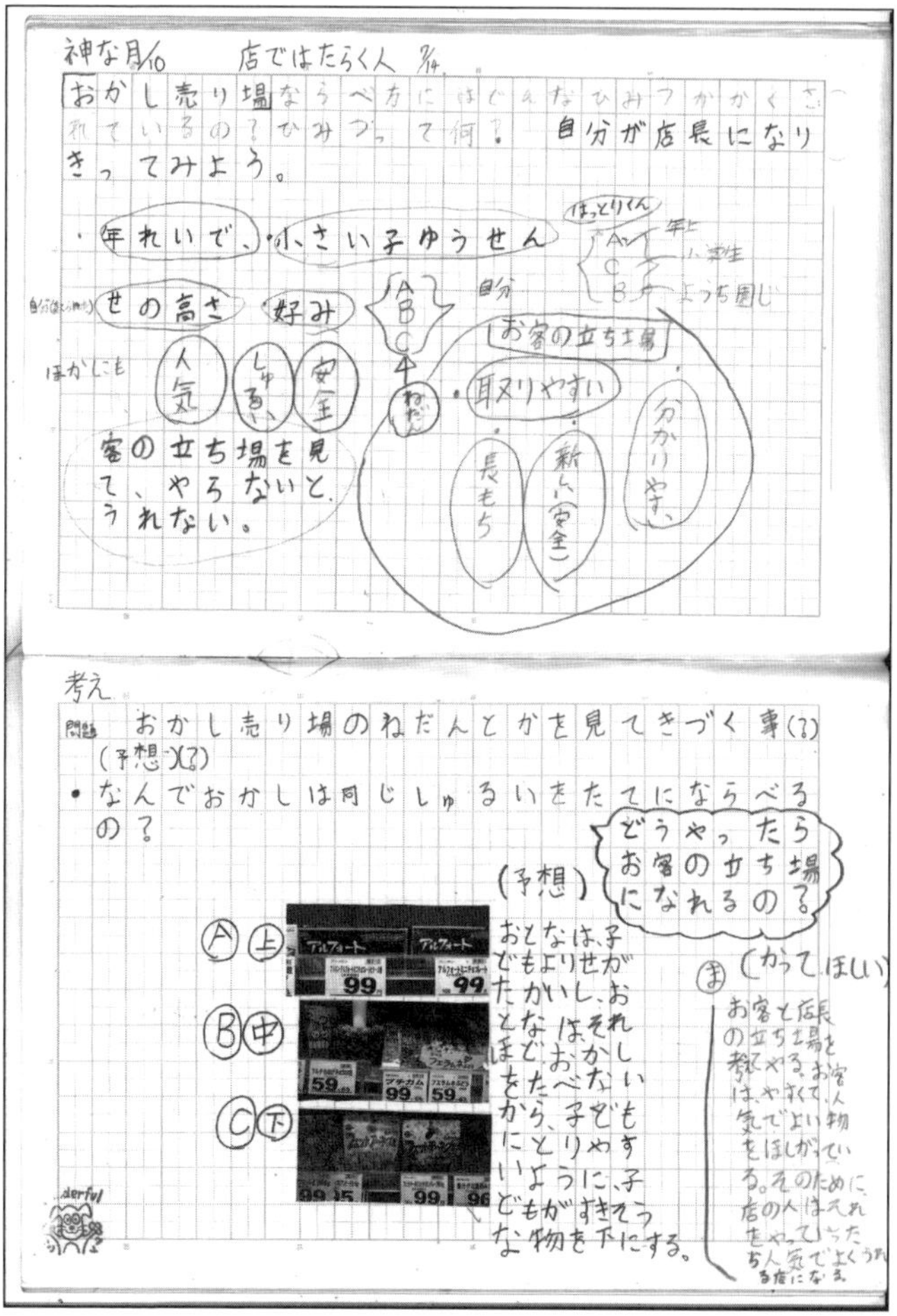

35

中心資料添付のノートづくりをする

「社会科は資料が命だ」とは言い過ぎかもしれませんが、資料を核として授業を展開することが、他教科よりも多いことは確かです。しかも、文章で表された「連続型テキスト」よりも、データを視覚的に表現した「図」「表」「グラフ」「地図」といった「非連続型テキスト」が多く資料として用いられます。

ノート指導がうまい先生とは、きれいに板書を写させることではなく、資料の読解力を育てる手立てを講じ、ノートを「思考の作戦基地」にしている教師なのです。その手立ては簡単なことです。

板書と同じ中心資料を配りノートに自分の考えを書き込ませる活動を続けていくことです。次のページに示すようなノートづくりを毎時間続けていくことで、社会的事象の意味や働きを多面的・多角的に考える力を養っていくことができます。

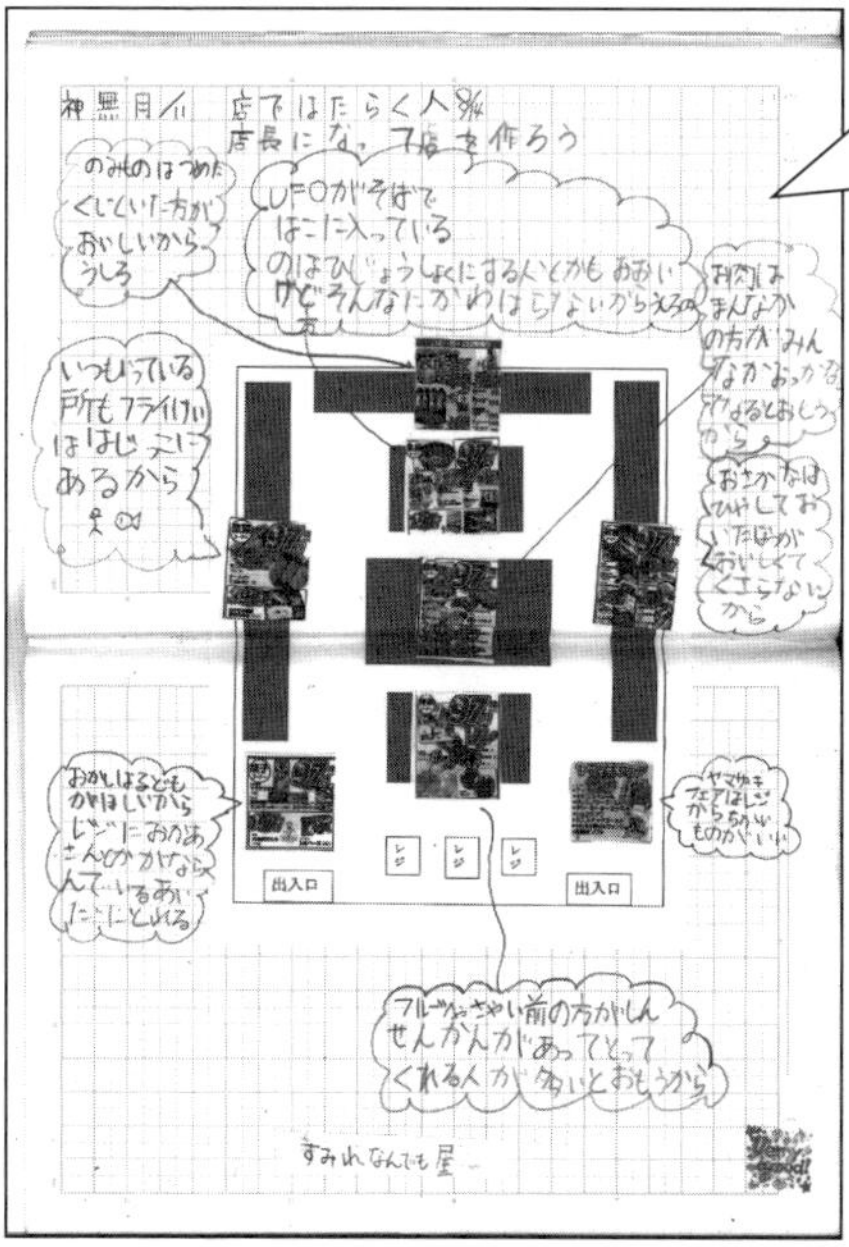

自分が店長だったら商品をどのように配置するかを考えます。

グラフの変化から北山丸太の出荷本数が減っているわけを考えてノートに書きこみます。

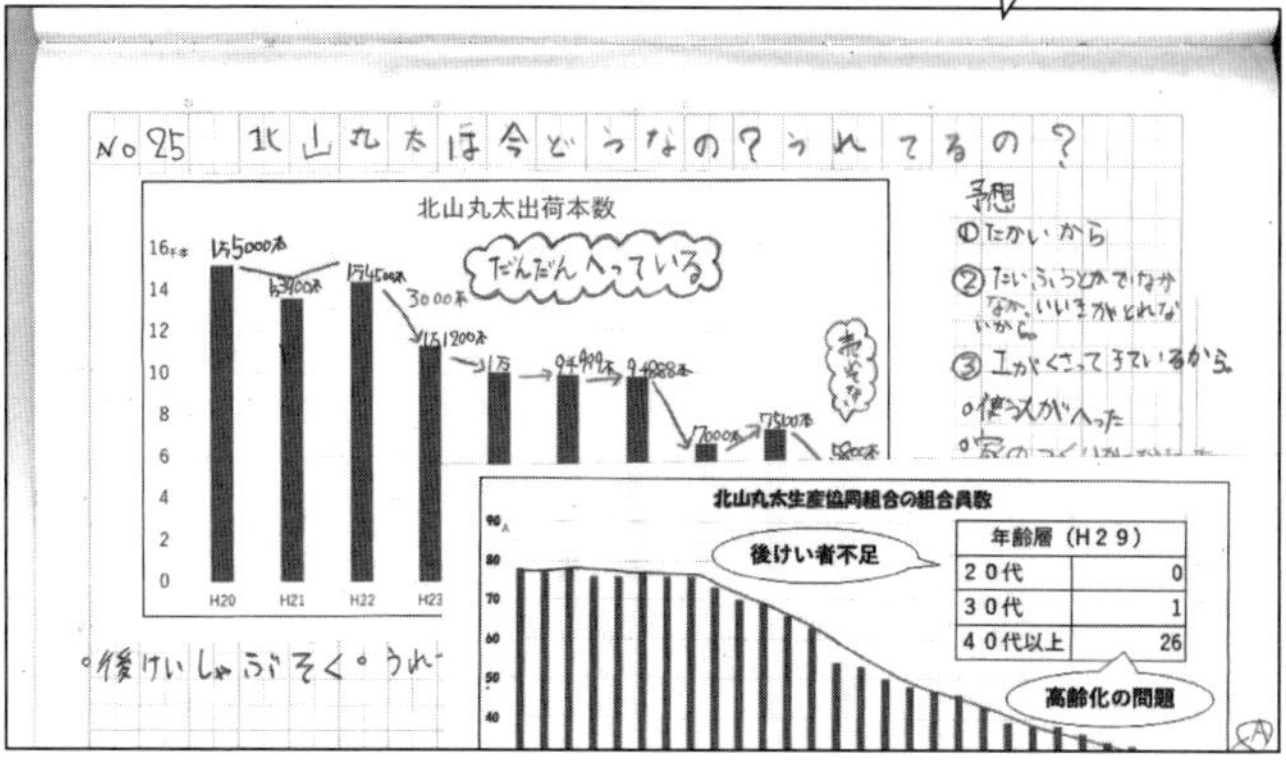

36

付箋を使った見学ノートづくりをする

社会科は、校外での見学が大変多い教科です。その際に、子どもたちに記録させる媒体はノートとプリント、どちらでしょうか。私はノートです。事前に用意した見学用プリントを用いれば、大切なポイントを抜けなく学ぶことができます。しかし、**個の追究のよさが表出しきれず、答え合わせのような見学学習に陥ってしまいがち**です。

そこで、子ども自らが社会的事象を多面的・多角的に考える見学ノートづくりを提案します。付箋を用いたノートづくりです。手順とその実例を示します。

❶見学前に追究したいことを付箋に書いてノートに貼る

3年「わたしたちの京都市」の学習で、北山杉の生産地を訪ねる見学学習です。種類の異なる北山丸太を提示し、見学前の授業を行いました（27参照）。この授業を基に「これだけは何としても調べたい」という内容を付箋に5枚程度書きます。

見学前のノート

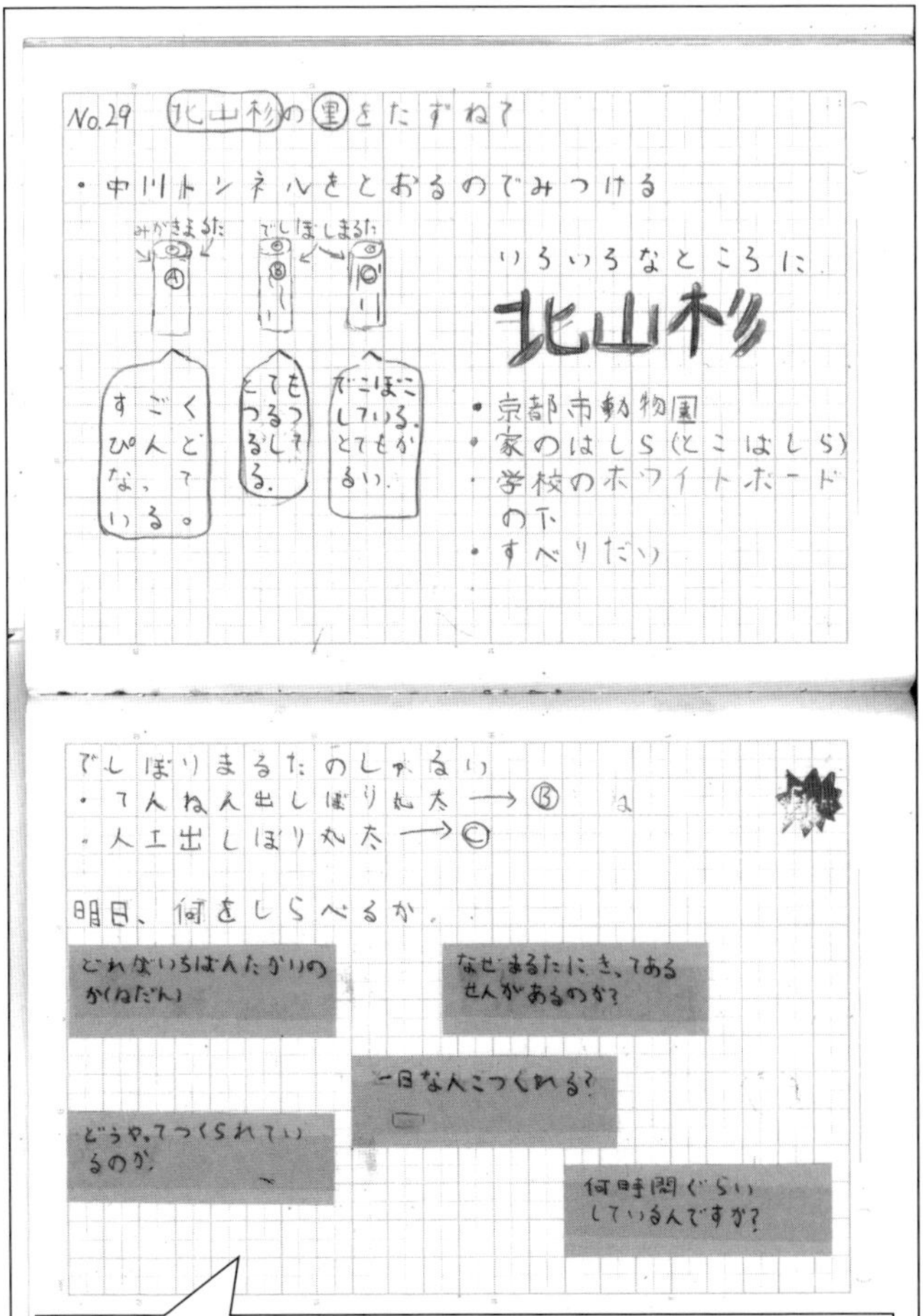

価格、製造工程、生産数、労働時間の観点から調べたいことを付箋に書きました。見学前は付箋をまとめて貼っておきます。剥がれ落ちないように付箋の端をテープで止めます。

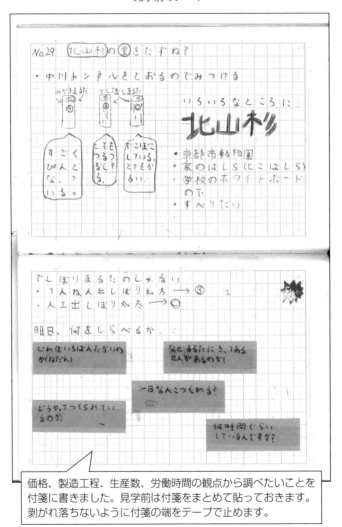

❷見学時に付箋を移動しながら調べた内容をノートに書く

見学ノート（見学前のノートとは別の児童）

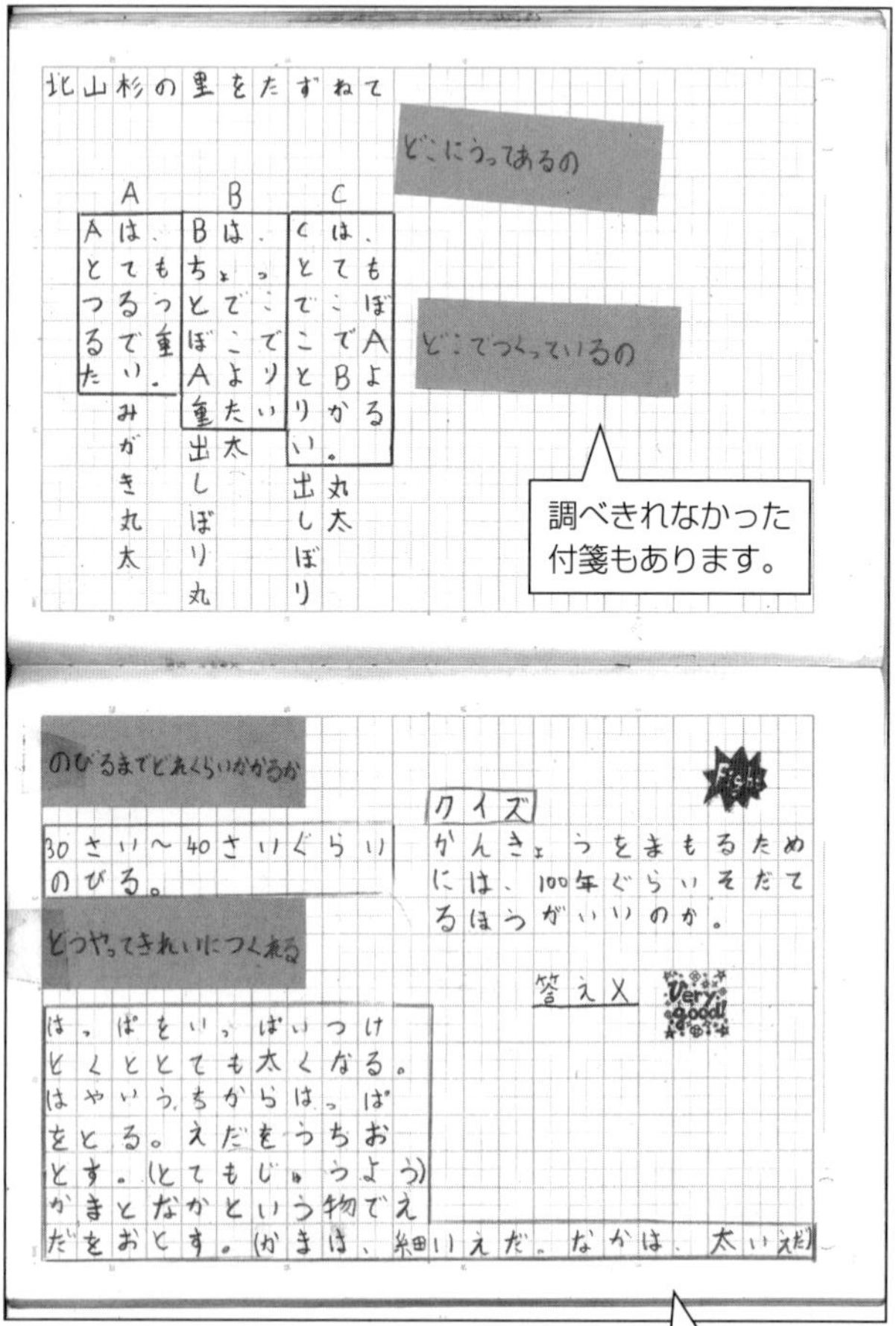
北山杉の里をたずねて
どこにうってあるの
どこでつくっているの
のびるまでどれくらいかかるか
30さい〜40さいぐらいのびる。
どうやってきれいにつくれる
はっぱをいっぱいつけとくとても太くなる。はやいうちからはっぱをとる。えだをうちおとす。(とてもじゅうよう)かまとなかという物でえだをおとす。(かまは、細いえだ。なかは、太いえだ)
クイズ
かんきょうをまもるためには、100年ぐらいそだてるほうがいいのか。
答えX
Very good!

調べきれなかった付箋もあります。

調べたことを基に、その場でクイズをつくりました。プリントにはない個性的な追究スタイルがノートに見て取れるようになります。

第7章

問題解決授業が もっと うまくなる 5の技

37 イメージマップから問いをつくる

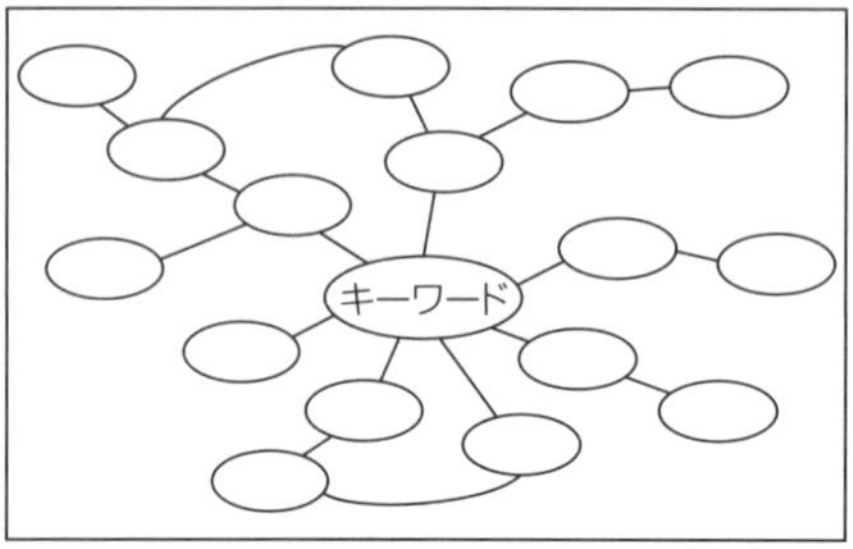

ウェビングとも言われるイメージマップは、中心においたキーワードから思いつくことや連想することを広げたり関連づけたりして多様なアイデアを生み出すときに用いられる手法です。

問題解決学習の授業づくりでは、子どもたちから問いを引き出すことが大切です。そこで、単元のスタートにイメージマップを用いて子ども一人ひとりの単元に寄せる思いや願い、疑問を表出させていきます。そこから単元のねらいを網羅する問いを組み立てていきます。

3年「道具とくらしのうつりかわり」を例に、イメージマップからの問いづくりを紹介します。

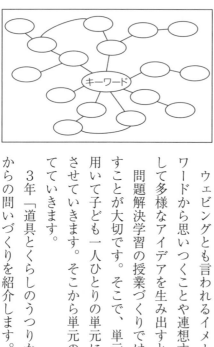

❶「古い道具と昔のくらし」をキーワードにイメージマップづくり

昔をおおよそ１００年前までとします。「おじいちゃん、おばあちゃんが生まれたころから」と具体的に押さえていきます。**単元が始まる前に家族から昔の道具や遊びなどについて聞き取りをする時間を設けるとイメージが広がる**でしょう。

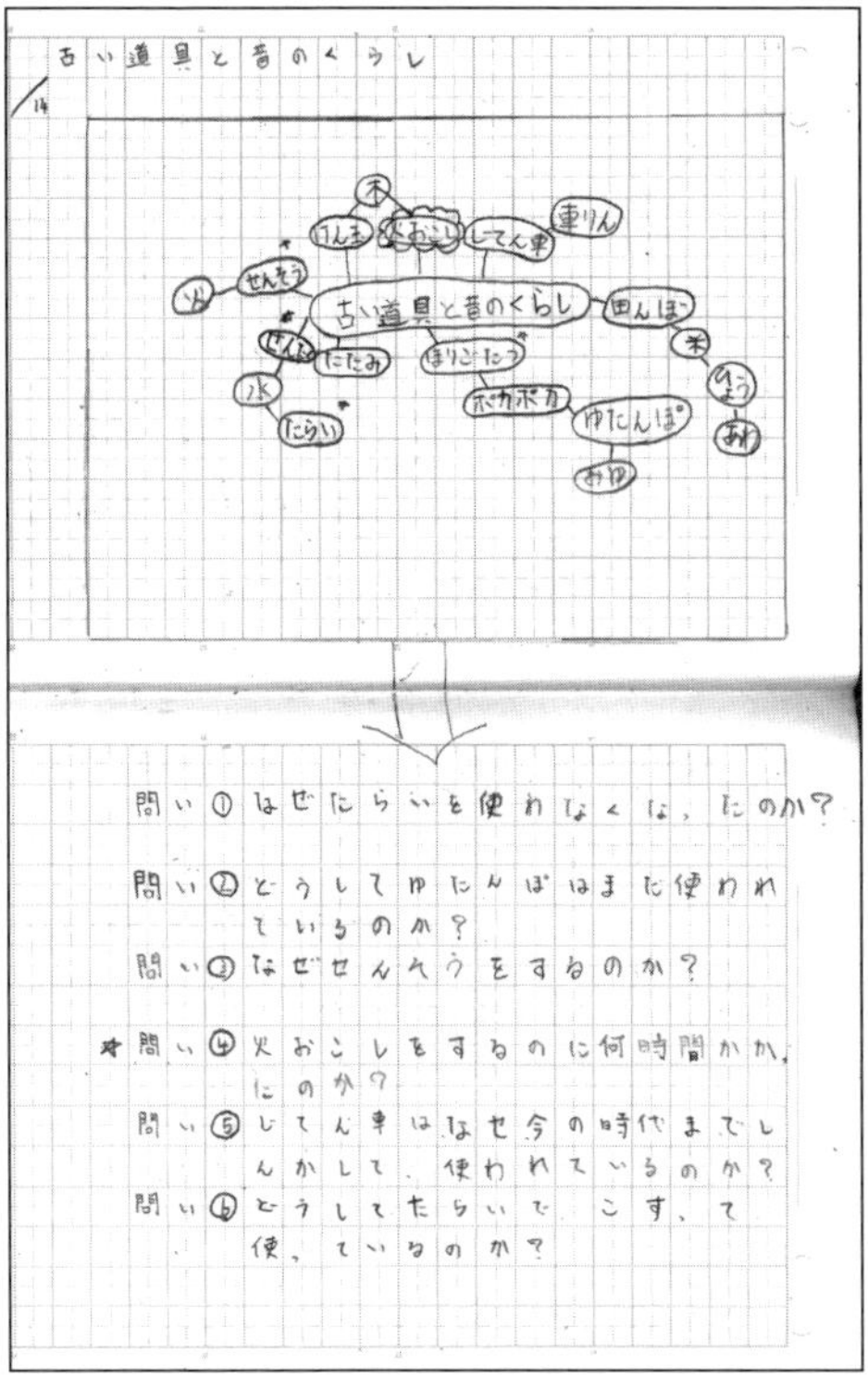

❷自分なりの問いづくり

イメージマップを基に5つの問いをつくります。

❸グループナンバーワンの問いづくり

グループの友だちと問いの情報交換をして一番よい問いを選びます。

❹学級全体の問いづくり

グループの問いを発表します。

その後、教師と一緒に学習計画をつくっていきます。

❺学習計画づくり

各グループから出されたナンバーワンの問いです。

・戦争のときはどんなくらしをしていたのか。

・湯たんぽが今も使われているのはなぜか。

・洗濯板からどうやって洗濯機に進化したのか。
・火を使わずに電気やガスを使うようになったのはいつからか。
・携帯電話に変わったのはいつで、それはなぜか。

子どもからの問いだけでは、単元のねらいを網羅できることは少ないので、教師が主体性を発揮しながら、次のような学習計画を子どもと一緒に組んでいきました。

1・2時…湯たんぽ、洗濯機、携帯電話の今と昔を調べよう
3時　…戦争のころは電気やガスを使っていたのか調べよう
4時　…湯たんぽが昔も今も使われているのはなぜか考えよう
5時　…道具とくらしの変化を年表にまとめよう

38 チャートで思考を構造化する

立命館大学の薄井道正先生は、問題解決の際に、思考のプロセスを構造化し、追究していく方法として「ロジカル・フラワー・チャート」（Ｆチャート）という手法を提唱されています（２０１９年の教員免許更新講習にて薄井氏の講座「アクティブ・ラーニング型ライティング指導の方法」を受講し、その手法について学びました）。

Ｆチャートとは、「植物」をモデルにチャート化したものです。種にあたる「問い」から次々と出る葉を「思考の過程」に見立てます。花が「答え（仮説）」です。そして、花からできる種が「新たな問い」です。つまり、**「問いの設定」**から**「推論」「検証」「反論」「反駁」「答え」「新たな問い」という探究のプロセス**になります。

この薄井先生のＦチャートを基に小学校社会科授業に活用できるよう作成し直したのが、次ページのチャート図です。

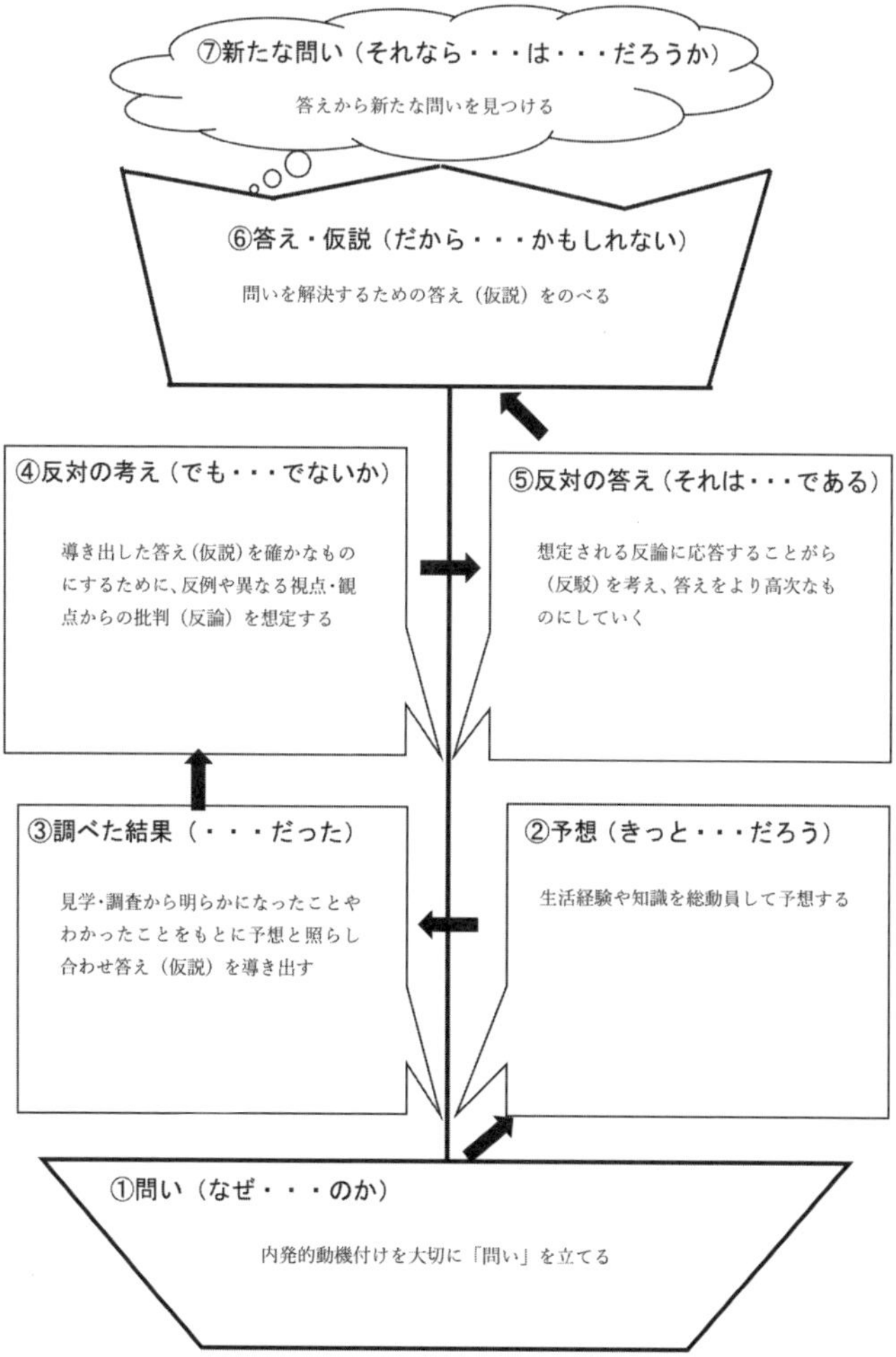
⑦新たな問い（それなら・・・は・・・だろうか）
答えから新たな問いを見つける
⑥答え・仮説（だから・・・かもしれない）
問いを解決するための答え（仮説）をのべる
④反対の考え（でも・・・でないか）
導き出した答え（仮説）を確かなものにするために、反例や異なる視点・観点からの批判（反論）を想定する
⑤反対の答え（それは・・・である）
想定される反論に応答することがら（反駁）を考え、答えをより高次なものにしていく
③調べた結果（・・・だった）
見学・調査から明らかになったことやわかったことをもとに予想と照らし合わせ答え（仮説）を導き出す
②予想（きっと・・・だろう）
生活経験や知識を総動員して予想する
①問い（なぜ・・・のか）
内発的動機付けを大切に「問い」を立てる

Ｆチャートは個人の探究思考を深めるツールです。ですから問題の自力解決の場面で活用することがベストです。左は3年生「お菓子の棚の陳列の仕方」で用いた実例です。

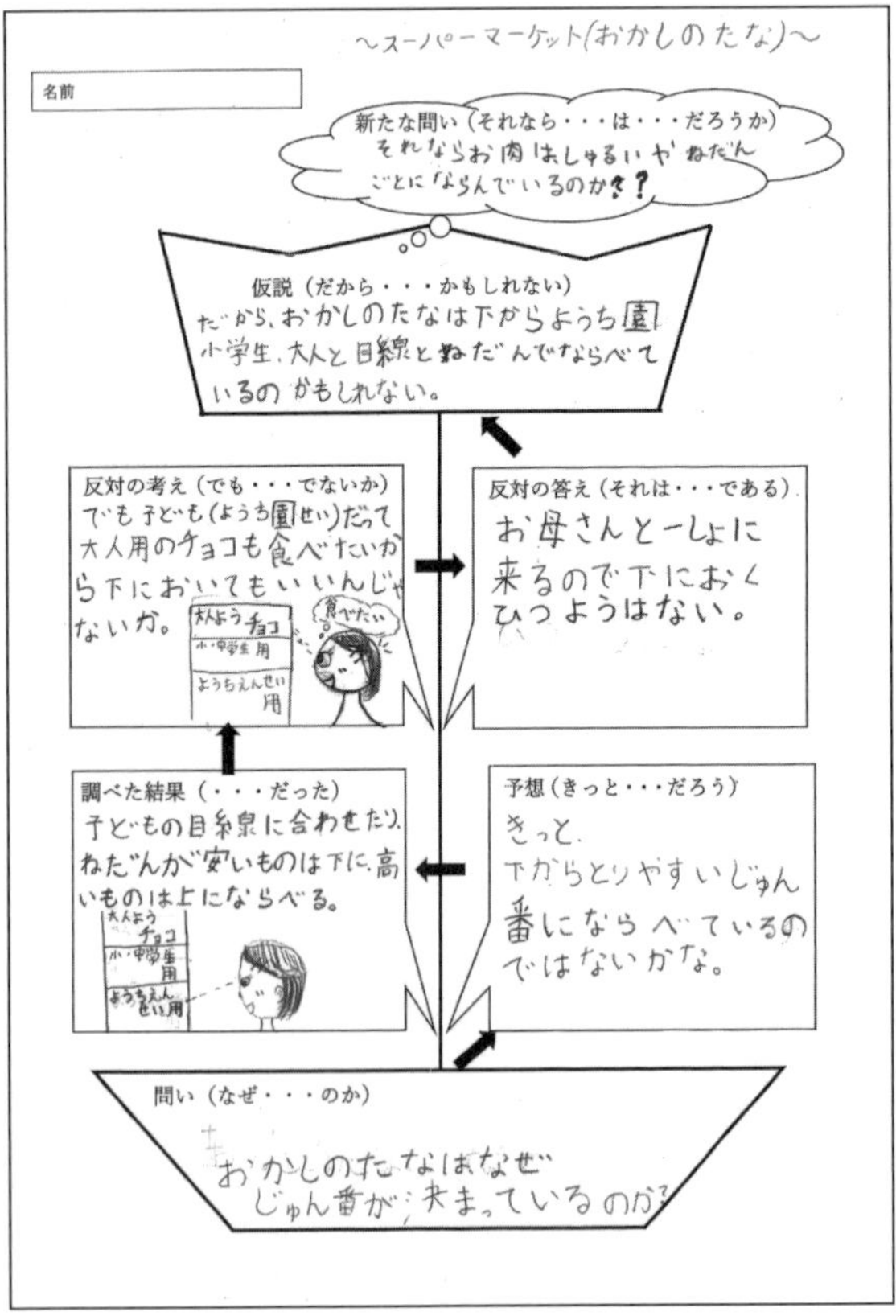

～スーパーマーケット(おかしのたな)～
名前
新たな問い（それなら・・・は・・・だろうか）
それならお肉はしゅるいやねだんごとにならんでいるのか？
仮説（だから・・・かもしれない）
だから、おかしのたなは下からようち園小学生、大人と目線とねだんでならべているのかもしれない。
反対の考え（でも・・・でないか）
でも子ども(ようち園せい)だって大人用のチョコも食べたいから下においてもいいんじゃないか。
大人ようチョコ
小・中学生用
ようちえんせい用
食べたい
反対の答え（それは・・・である）
お母さんとーしょに来るので下におくひつようはない。
調べた結果（・・・だった）
子どもの目線に合わせたり、ねだんが安いものは下に、高いものは上にならべる。
大人ようチョコ
小・中学生用
ようちえんせい用
予想（きっと・・・だろう）
きっと、下からとりやすいじゅん番にならべているのではないかな。
問い（なぜ・・・のか）
おかしのたなはなぜじゅん番が決まっているのか？

通常の問題解決学習は、問い、予想、結果、まとめです。それに対しＦチャートは、結果に対して「でも○○ではないか」と異なる視点から反論を加え、「それは○○である」と、**その批判や反証に対して説明をする反駁の過程が位置づけられています。**先のＦチャート例では、お菓子の陳列の仕方は、目線や価格によって決まる結果を出しています。この結果に「幼稚園生でも高い位置にある菓子を食べたいこともあるのではないか」と反論を加えています。それに対し、買い物は親と一緒なので問題ないと反駁にて防衛し、より高次の結果へと導いています。このように、結果に反論と反駁を加え、自己内対話をする過程を組み込むことで、多面的・多角的な見方・考え方がさらに豊かになっていきます。

問題解決学習にＦチャートを用いることで次のような学習効果が期待できます。

・自分なりの問いを自分なりの考えで、自分なりの答えにたどり着くことができる。
・結果に対する反論を加えることで批判的思考が育つ。
・反論に対する反駁により高次な結論を導き出すことができる。
・問いの連続性を見いだすことができる。

39

話し合いの学習形態を使い分ける

問題解決学習で「練り上げ」と言われる段階が、互いの見方・考え方を交流する「話し合い」の場面です。社会的事象の意味や因果関係について考えることを、個から全体へ、全体から個へと行ったり来たりすることが話し合いです。**話し合い活動の形態を使い分けることで個の見方や考え方をより高次にしていくことが大切**です。

次ページの図に示したように、問題に対して解決の糸口が見つからずに迷っている子どもが多い場合は、ペアやグループよりは学級全体で話し合った方が効果的です。数名の子どもの見方・考え方を参考にさせ、個に返していきます。一方、多くの子どもが自分なりの見方・考え方をもっている場合は、ペアやグループで発表し合い、質問し合いながら高めたことを学級全体に広げ個に返します。**話し合い活動は、目の前の子どもの状況によってペアやグループを組んだり、一気に全体に広めたりと意図的に行うことが大切**です。

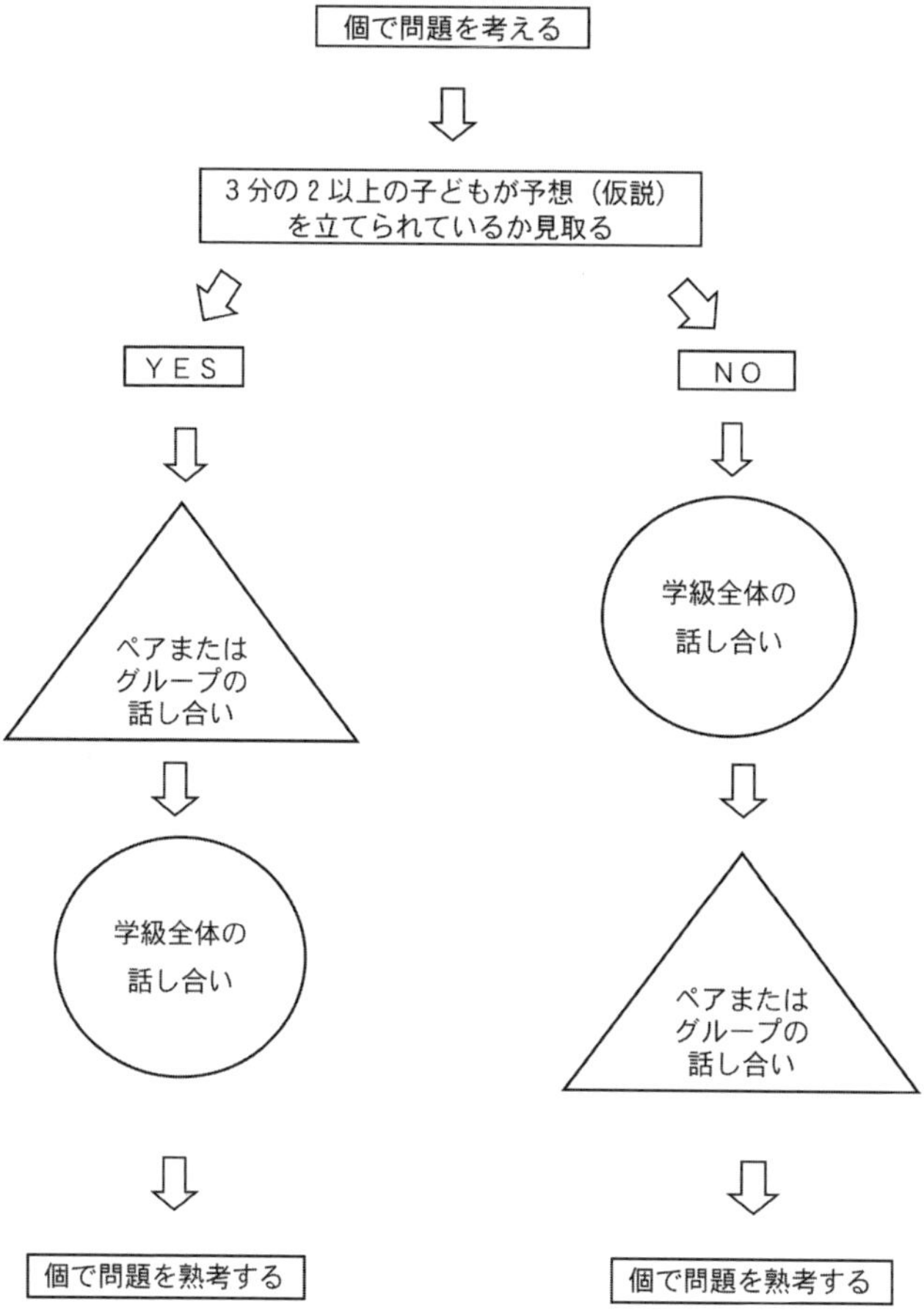
個で問題を考える
3 分の 2 以上の子どもが予想（仮説）
を立てられているか見取る
YES
NO
ペアまたは
グループの
話し合い
学級全体の
話し合い
学級全体の
話し合い
ペアまたは
グループの
話し合い
個で問題を熟考する
個で問題を熟考する

40

基本を押さえ反論と反駁を意識させる

問題解決学習で個の見取りから学習形態を使い分けたとしても、話し合いの仕方が身についていなければ、社会的事象の意味や因果関係を高次なレベルまで引き上げることはできません。ペア、グループ、学級全体と様々な形態で話し合いを行ううえでの**基本は「聴くこと」**です。まずは、次の話し合いの基本ルールとマナーを身につけさせましょう。

❶話し合いの基本ルールとマナーを身につける

はじめとおわりのあいさつをしっかりとする

「聴いてください。よろしくお願いします」「聴いてくれてありがとうございました」

うなずきながら話を聴く

「なるほど」とうなずくことは相手を受容する表れです。目線も自然と合います。

全部を聴き終えてから質問をする

話の途中での質問や意見は厳禁です。話し手が「以上です。質問や意見はありますか」とはたらきかけてきて、聴き手は短い言葉で質問や意見を述べます。

以上の基本を押さえたうえで、話し手は「反論」と「反駁」を意識しながら自分の考えを述べられるように話し合いの質を高めていきます。

❷話し合いに「反論」と「反駁」を意識化させる

反論を想定し、その答えを用意しておく

相手に話す前に「でも、…ではないか」という反対意見が出ることを想定します。例えば、「お菓子の棚は下から年齢ごとに並べられている」という自分の考えを聴いてもらいます。その際に「でも、小さい子も手が届かない上段のお菓子が食べたいこともあるのではないか」という「反論」を想定しておきます。それに対し「それは、親が決めることなので問題ありません」という「反駁」を用意しておくのです。Ｆチャートでも述べた通り、自分の見方や考え方をより高次にするために、話し合いには、「反論」と「反駁」を意識化して臨ませることが大切です。

41

「問題解決型新聞」の定石を押さえる

問題解決学習のまとめに、新聞形式を用いることが多くあります。しかし、新聞を書かせてみると、**思い出や印象に残ったことを書き表した「出来事新聞」になってしまうことがあります。**社会科でつくる新聞を「問題解決型新聞」に変えていきましょう。

まず「問題解決型新聞」のレイアウトを紹介します。拙著『小学校社会の授業づくりはじめの一歩』(明治図書)で紹介した「新聞社の定石に基づいた社会科新聞づくり」のレイアウト図に、問題解決学習の成果をどのように書き表すかを吹き出しで加えました。

次に、3年の地域学習で「なぜ、Hさんのつくる野菜は人気があるのか?」という問いを中心に追究した際の「問題解決型新聞」を紹介します。この例では、追究の結果を「Hさんの野菜にかける思い」を第一の答えにあげ、2番目に「4つのひみつ」を記事にしました。3番目に自分の思いや願いを追究のまとめとして書き表しています。

トップ記事は、問題解決の答えの中から一番伝えたいことを見出しにします。

２つ目の記事は、問題解決の答えの中から２番目に伝えたいことを見出しにします。

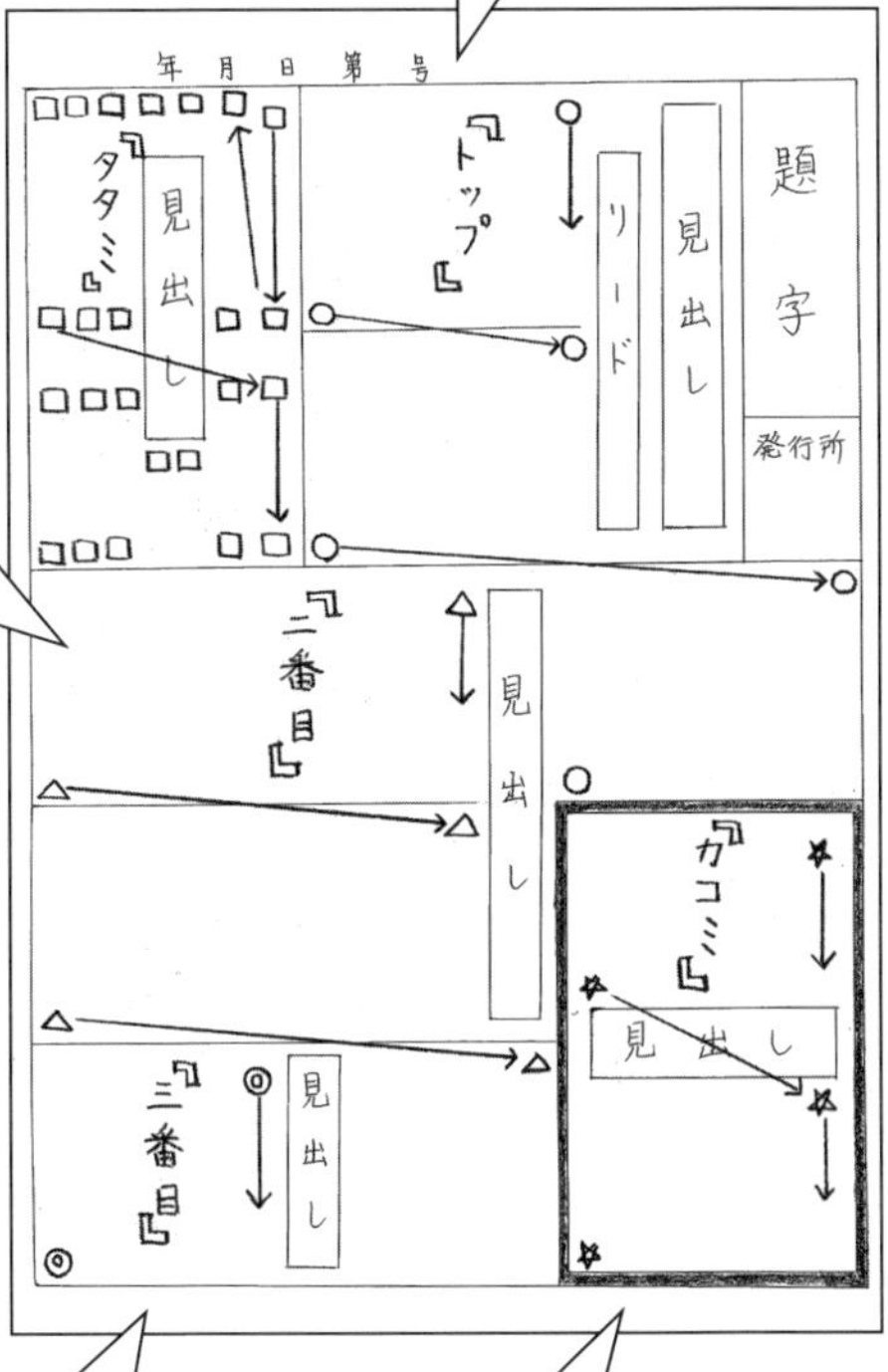

３つ目の記事はまとめです。問題解決の中で自分が思ったことや考えたことを書き表します。

左隅の「タタミ」や右隅の「カコミ」記事は、追究に関係する事柄をマンガやクイズにして楽しみます。

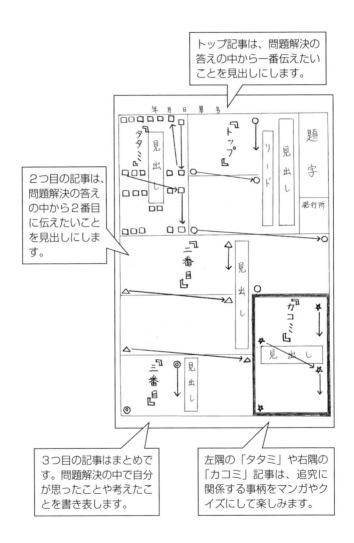

2019年　6月　18日（火）　第1号

ありがたい新聞

立命館小学校

みんなへの思いやり

家族のように子どものようにあつかってくれています。みんなが、今、元気にくらせているのは、農業をやっている人のおかげです。あいじょうがつまった野菜を食べてみんなはぐんぐんのびてのびていきます。

あつい中、やすまずよくよく、野菜をかんさつして、大きな野菜をそだてています。このように、みんなの事を思って40しゅるい作っています。なので、みんなも野菜を、好になって

野菜への道

野菜なんてきらい!
だったらHさんが野菜を
ちゃんと野菜食べて
もぐもぐ
おいしい
野菜を好きに

Hさくのくふうのひみつ

ひみつ①
とくに気温が、高い時は、まわりに水をながしてひみつ気温をさげます。そうすると、3度気温がへります。

ひみつ②
土は、赤土（赤いねん土でできた土）で作られています。赤土で作る事で、お野菜がつるつるするのです。

ひみつ③
H農園は、水はけがよいのです。水が、上でたまらず、下まですうっと通るので、水はけがよいのです。

ひみつ④
農業は北区に6か所ぐらいあります。だからみね、山科、大原桂、亀岡があります。Hさんはみんな、全部晴れ、雨。とは、かぎりません。晴れの所は晴れの所に行き、雨の時は外の所に行くそうです。

こっちは晴れ
今日は雨

くれたら、Hさんもうれしいと思います!

どうなってる?

3-Ⅱ　みんな野菜大好き♡

わたしたちは、H農園さんに行って、「みんなを、野菜好きにすること」がゆめて、おっしゃいました。わたしは、思いました。野菜も、みんなに食べてほしいだろうな」と。Hさんのことと、野菜の事を思って、今度、Hさんの、野菜を買ってみたいです。

野菜Q〜

1. Hさんは、何しゅるいの野菜を作っている?
① 20〜30
② 30〜40
③ 30〜100

2. なすには、たねは入ってる?
① はいってる
② はいってない

①て②て と答

Very Good!

第8章

学習内容の定着が
もっと うまくなる
4の技

42

音読タイムで用語を楽しく覚えさせる

社会科用語は人物名や地名、物の名称など、漢字も多く読みにくいものがたくさんあります。漢字が苦手な子どもは、これだけで社会科の学びから離れていってしまいます。

社会科用語を楽しく自然に覚える効果的な方法として「音読タイム」の導入を勧めます。

毎時間の社会科授業のはじめに、1分間程度で社会科用語を音読します。

音読する社会科用語は次の手順でつくります。

❶取り上げる社会科用語は学習の進度や時期によって選択する。

❷1つの音読は、4・4・4の12文字を基本にリズムと語調の感じを大切に並べる（ラップのリズムに近く「しゃべるような歌」といった感じです）。

❸音読に合わせた絵や写真、音楽を入れる（イメージとして認識させるためです）。

❹試しの音読で音の数や並びを修正する。

拙著『小学校社会の授業づくり　はじめの一歩』（明治図書）では、47都道府県の音読を掲載しています。

ここでは、３年生の地域学習で京野菜の名称や産地を覚えるスライドショーを紹介します。スライドショーを投影できる環境が整っていない学校では、プリントを配付するとよいでしょう。

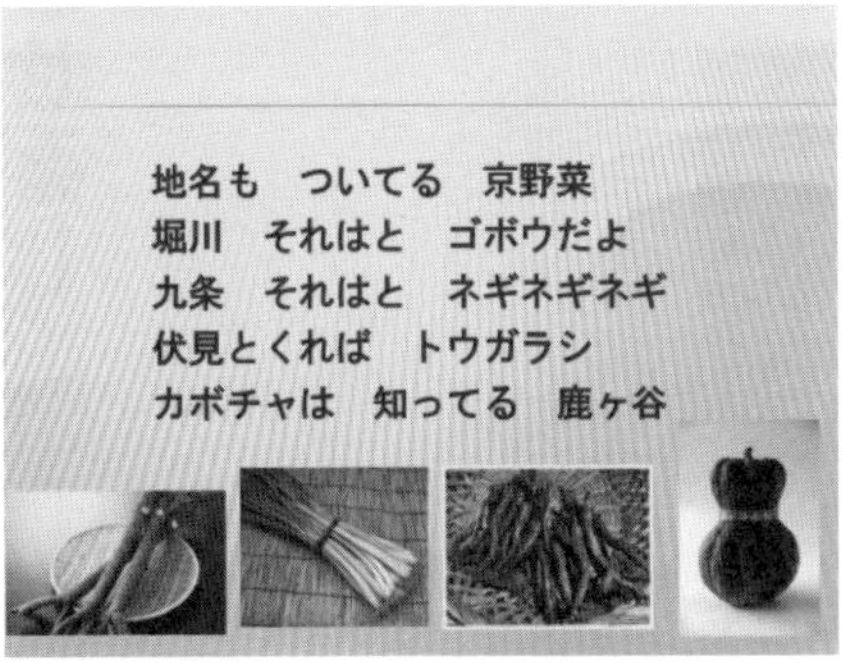

43 宿題で力を定着させる

社会科の宿題を出していますか？

学校で学んだことを定着する時間として、宿題は大切な役割を果たしています。多くの教室では、計算や漢字、音読が中心の宿題が出されていると思いますが、社会科の宿題を毎日とは言わずとも、週末には出したいものです。各学年で習得すべき漢字同様に、社会科用語も各学年でしっかりと身につけなければなりません。私は、国語や算数の宿題がある程度軌道に乗った5月ごろから、次の点に留意して、社会科の宿題をプラスしています。

・5分程度でできる量
・知識・理解、資料活用、思考・判断の各観点を意識した内容
・見学学習後で押さえたい内容

次に、3年生の宿題を紹介します。

漢字と同じく、地図記号は必ず身につけなければならないものです。宿題に繰り返し出していきます。（知識・技能）

社会宿題　5月18日　わたしたちのまち　　　名前（　　　　　　　　）

★地図記号や意味を書きましょう。

文		X	
	寺院		警察署（けいさつしょ）
	神社		銀行（ぎんこう）
	工場		郵便局（ゆうびんきょく）
	市役所		病院（びょういん）

授業で用いたプリント（右）を見ながら、京都市の主な山・川の名称を漢字で書けるようにする宿題です。難しい漢字は拡大しています。（知識・技能）

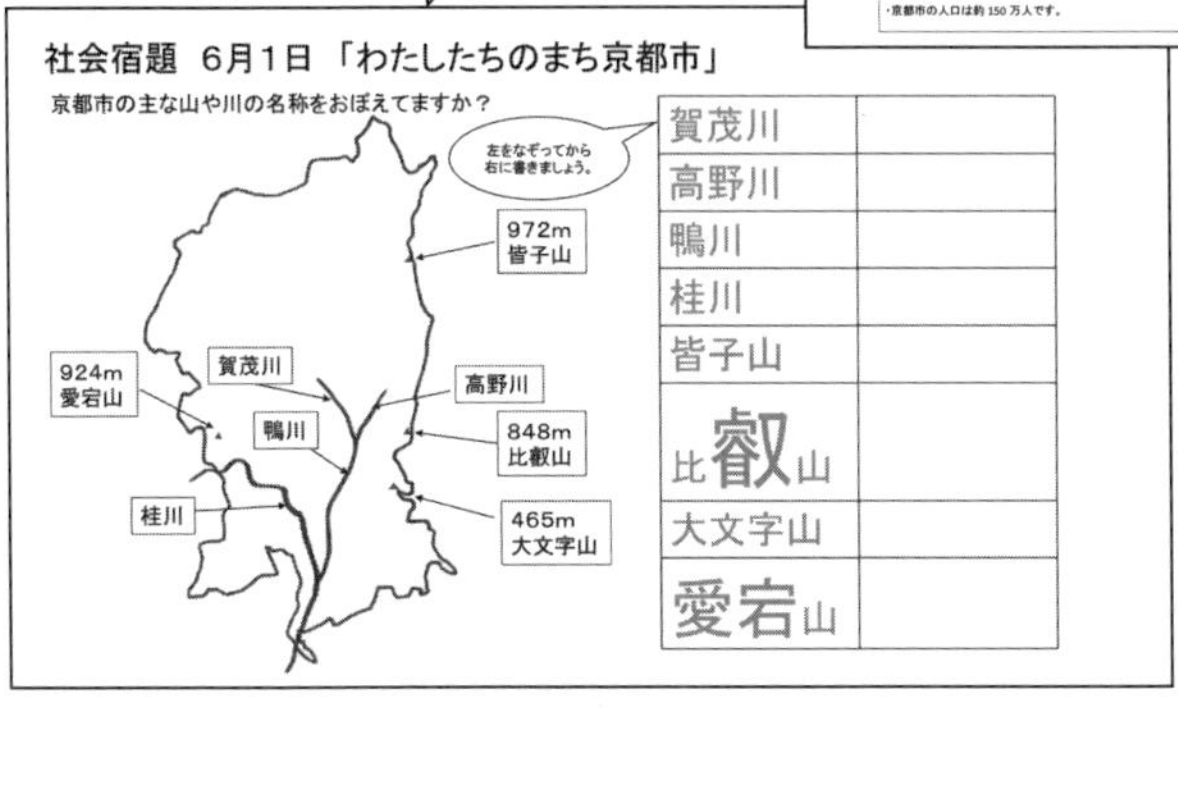

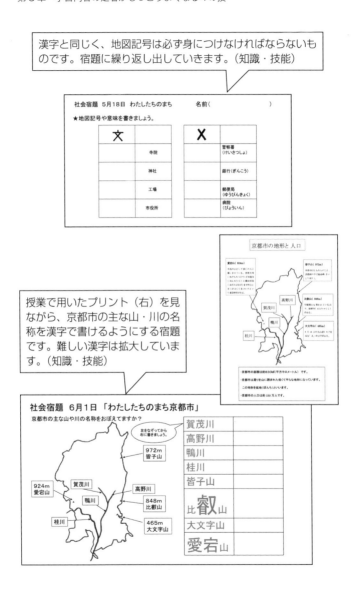

京都市のまちを調査した校外学習後の宿題です。八方位と通りの名称を基に学校から南のまちの広がりをつかんでいるか確かめます。（知識・技能）

社会宿題　5月15日　わたしたちのまち

★地図の通りの名前と八方位を書きましょう。

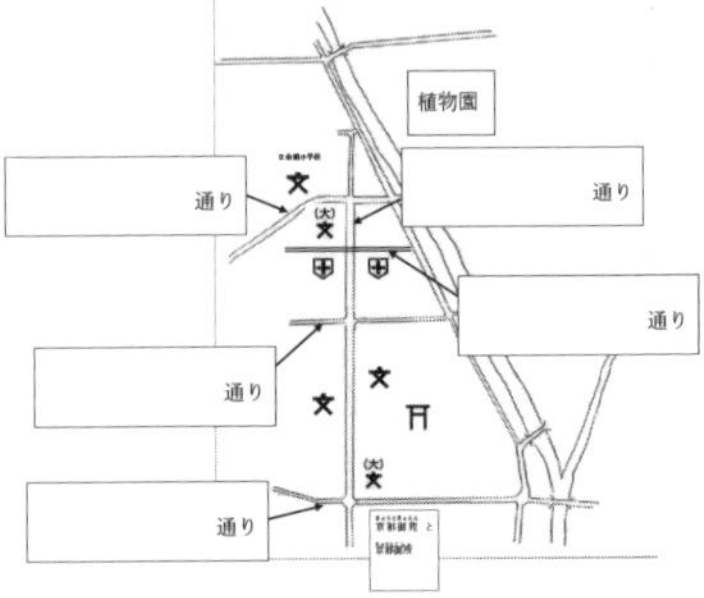

京都市のまち調査では、京都御苑内にある看板を見てくることが目的にありました。宿題でもその内容を確かめます。（資料活用）

社会宿題　5月16日

★京都御苑（ぎょえん）内にあった西園寺邸跡（さいおんじていあと）の看板（かんばん）を読んで問題に答えましょう。

西園(さいおん)寺(じ)家は琵琶(びわ)をうけつぐ伝統(でんとう)のある家です。かまくら時代に国のせいじを行った西園寺(さいおんじ)公経(きんつね)が今の金閣寺(きんかくじ)の地に別荘(べっそう)をつくりました。西園寺家がこの地にうつったのは1769年といわれています。西園寺(さいおんじ)公望(きんもち)はこの場所で私塾(しじゅく)「立命館」を開きました。塾のひょうばんが高くなり多くのわか者が集まるようになりました。ついには100人にまでふくれたといわれています。私塾「立命館」の跡地には白雲(しらくも)神社がたてられました。

①西園寺は何の楽器（がっき）をうけつぐ家でしたか。

②金閣寺の地に別荘をつくった人はだれですか。

③1769年に西園寺公望が開いた塾の名前は何ですか。

④西園寺公望が開いた塾の跡地（あとち）には何が建てられましたか。

「北山丸太」の生産地を見学した際に、職人さんが話してくれたことを文章にしたものです。大切な事柄を設問で押さえます。（資料活用、知識・技能）

11月14日（木）　社会科宿題　名前（　　　　　　　　　　）

えだ打ち作業をする「いばさん」の話を読んで問題に答えましょう。

この仕事をして30年いじょうになります。えだを切るしごとでむずかしいことが2つあります。1つは、どのえだを切ったらよいか見わけることです。2つめは、えだをスパッと切るわざです。そのために道具の手入れもいっしょうけんめいにやっています。A<u>2つの仕事</u>がしっかりとできるようになるには5年はかかります。今は、この仕事をやっている人が少なくなりました。B<u>えだ打ちをする人の年れいは40さいから80さいの人です。</u>C<u>この仕事をついでくれるわかい人がいないと北山丸太ができなくなってしまう</u>時がくるかもしれません。とても心配です。また、600年つづいている北山丸太のよさを、京都市の人はもちろんのこと、全国の人に分かってもらえることがわたしのねがいです。

① 下線A　2つの仕事とは何ですか。［　　　　　］［　　　　　］

② 下線B　の問題を何といいますか。［　　　　　問題］

③ 下線C　のことを何不足といいますか。［　　　　　不足］

11月21日（木）　社会科宿題　名前（　　　　　　　　　　）

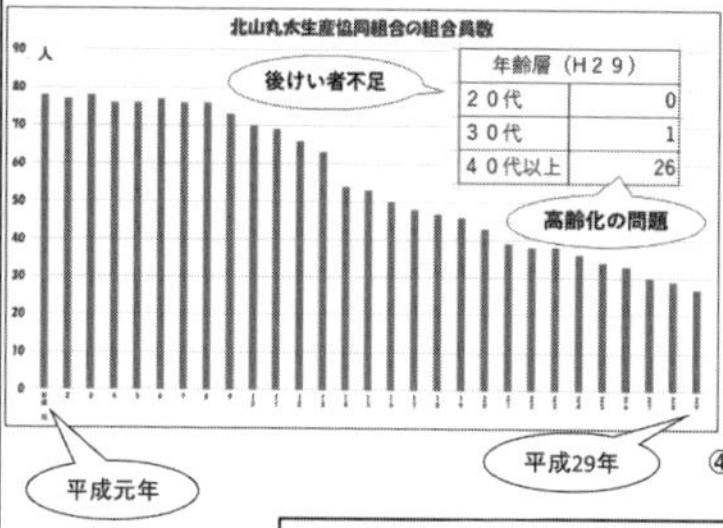
北山丸太生産協同組合の組合員数
人
後けい者不足
年齢層（H２９）
２０代　0
３０代　1
４０代以上　26
高齢化の問題
平成元年
平成29年

① 平成元年の組合員数は何人ですか。［約　　　人］

② 平成29年の組合員数は何人ですか。［約　　　人］

③ 平成元年から平成29年まで組合員数は、約何人ふえましたか。へりましたか。［　　　　　］

④ 後けい者不足をなくすためには、どうすればよいと思いますか。あなたの考えを書きましょう。［　　　　　］

「北山丸太」の生産が伸び悩む原因を探る授業後の宿題です。単元が終末になると考えを記述する問題を出していきます。（資料活用、思考・判断・表現）

44

1分で読める学級通信をつくる

子どもたちの学びの様子を保護者に伝える媒体として「学級通信」があります。私は、週1回のペースですが、毎日出されている先生もおり、頭が下がります。通信の目的は、保護者に学級の様子を伝えたり、共有したい事柄をお知らせしたりすることです。私の場合は、学校生活の大半を占める楽しい授業の様子をできるだけ発信するようにしています。30年以上にわたって学級通信を書き続けた結果、現在は次のようなポイントで忙しい保護者が1分で読める学級通信を発行しています。

・A4紙横書き、シンプルでわかりやすい文章を書くよう心がけ、400字以内とする。
・心温まる子どもたちのノートや作品、エピソードを掲載する。
・学びの姿を捉えた写真を大きく掲載する。
・授業の内容がひと目でわかる板書写真を掲載する。

立命館小学校　3年1組　学級通信

ならぬことは　ならぬものです No. 3 2019/4/19

今週の31っ子の学び紹介

新しい教科…社会科

３年生になり新しい教科が始まりました。社会科です。

「生活科の町探検と何が違うのだろう？」と投げかけました。

生活科では、近くの自転車屋さんで次のような質問をしたそうです。

「いちばん高い自転車はいくらですか」

「お店の名前はどうしてついたのか」

「大きいタイヤのサイズはどのくらいか」

「どんな人が来るのか」

では、社会科だったら。

「どんなタイプの自転車をだれが買っていきますか？それはなぜなんだろう？自転車屋さんのあるところはどんなまちだろう？」

社会科は、「人・もの・こと」から社会のしくみや暮らしの様子を探っていきます。

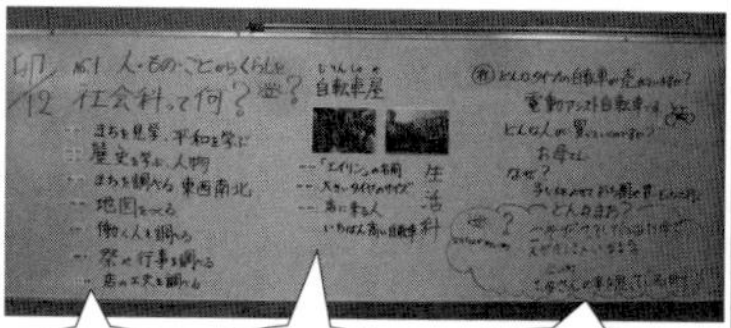

子どもたちの「社会科」のイメージです

子どもたちが生活科「まちたんけん」で質問した内容です

これぞ社会科！自転車屋に来るお客さんからまちを予想しました。

立命館小学校　3年1組　学級通信

ならぬことは　ならぬものです No. 18 2019/9/13

国語科　～ローマ字を学んでいます～

子どもたちは、生活の身近な場面でローマ字を多く目にしています。英語の学習でアルファベットになじんでいることもあり、ローマ字に意欲的に取り組んでいます。今週は、アルファベットの大文字、小文字を丁寧に書く練習をしました。また、簡単な語や語句を読んだり書いたりもしました。ローマ字は、英語と混同されやすいところがありますが、基本的に表記法であって、あくまで日本の表し方であることを押さえて学習を進めていきます。

今後のコンピュータのローマ字入力の学習に役立てていきます。

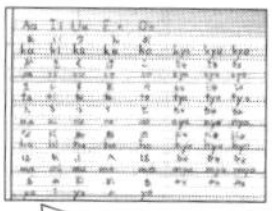

○○さんの丁寧なノートです。大文字と小文字の形と大きさがきれいです。

国語科～感想文を発表しました～

「里山は未来の風景」の感想文を書きました。
書き方の基本として次のことを押さえました。

- 心に残る場面を本文から 3 ケ所取り上げ、そのわけについて書く。
- 今までの生活の中から関係のある出来事があれば取り上げる。
- まとめの段落には、自分の考えや思いを書く。

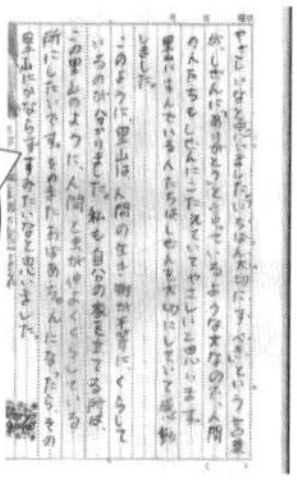

○○さんが書いた感想文のまとめの段落です。
里山に対する思いが伝わってきます。

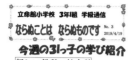

45

宿題の積み重ねを単元テストにする

単元テストは市販と自作、どちらでしょうか？

市販テストで学習内容を問うことは大体が可能です。しかし、中学年の地域学習は、自作テストでなければ学習内容の習熟度を測ることができません。プロの教師であれば、自分が熱く教材研究をした内容をテストにしてみたいと思いませんか。つくる手間が大変、時間がないので無理、といった声が聞こえてきそうですが、別項で述べた宿題づくりをやっていれば簡単にできます。**宿題の総体が単元テストとなる**わけです。下はその例です。また、単元テスト全問題を紹介します。

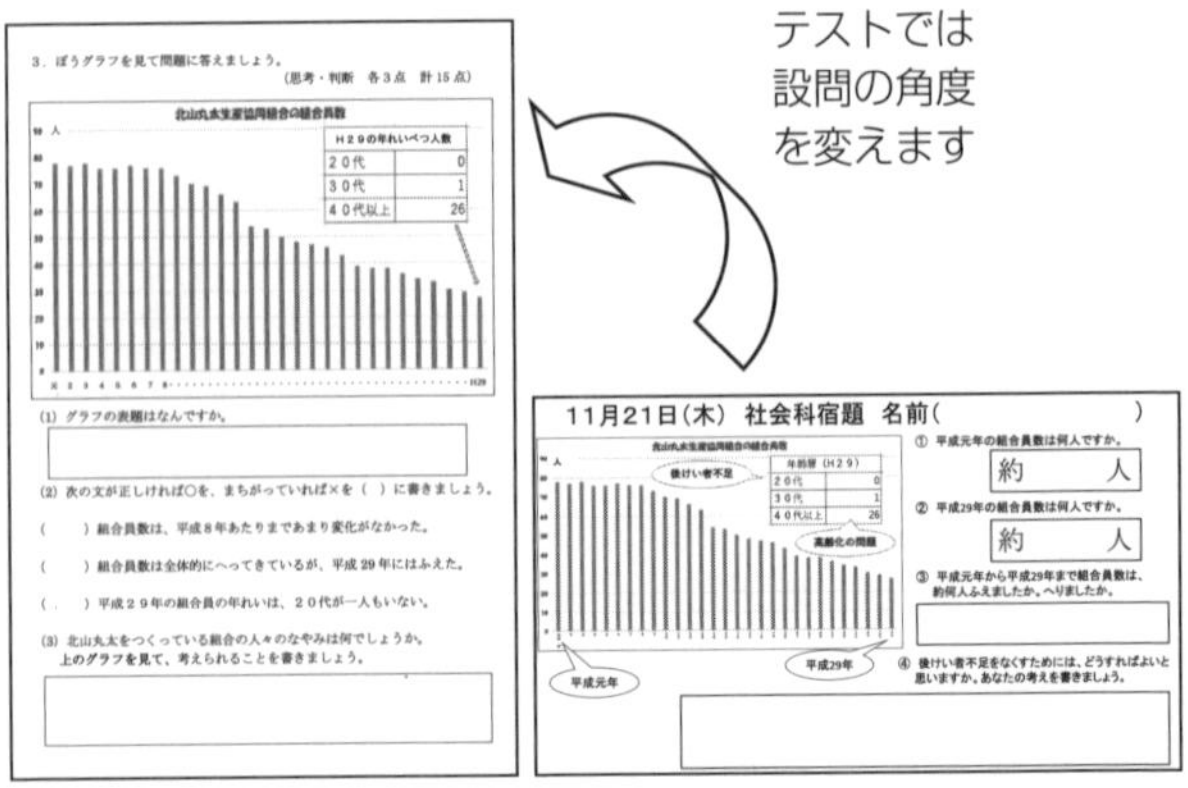

単元テスト　北山杉《きたやますぎ》を守り、育てる人

1．「北山丸太」をつくっている組合《くみあい》の○○さんの話を読んで問題に答えましょう。　　（資料活用　各３点　計３０点）

北山杉は、京都市北区中川で600年にわたって育てられている木です。

北山杉は、ふつうの杉とちがって太らせないでまっすぐに育てることがとくちょうです。ふつうの杉は直径が３０㎝です。しかし、北山杉は直径が15㎝の太さです。なぜ、太らないのでしょうか。それは「えだ打ち」といって、杉のわきえだを切ってしまうのです。切る作業は、ベテランのしょく人さんが行います。

北山杉は北山丸太といって、家の「とこばしら」に使われることが多くありました。立命館小学校の「でんとう文化室」にも北山丸太が使われていると聞いています。北山丸太のしゅるいは、大きくわけて２つです。ひとつは、「みがき丸太」といって、表面をすなでつるつるにした丸太です。もうひとつが、表面にでこぼこのもようがついている「出しぼり丸太」です。

さい近は、北山丸太が売れません。北山丸太を使う家がへってきていることやねだんの安い外国の木材（もくざい）のため売れる本数がへってきていると考えられます。さらに、問題もあります。北山杉を育てる人にわかい人が少なく、年をとった者が多くなっています。北山杉を育てる者にとっては、とてもきびしいかんきょうになっています。そのため、わたしたち北山丸太の組合では、丸太以外に、「いす」や「かざり」、「コースター」など、さまざまな物を作って、北山杉を多くの人に使ってもらえる工夫をしています。

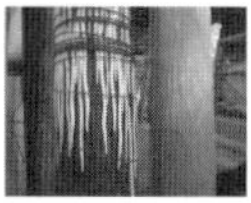

(1) 北山杉が育てられているところは京都市の何区ですか。

また、その区はどこにありますか。右の地図のあてはまるところにえんぴつで色をぬりましょう。

(2) なぜ、北山杉は太らないのですか。そのわけを書きましょう。

(3) 北山丸太のしゅるいは、大きくわけて２つあります。その丸太の名前と、そのとくちょうを答えましょう。

名前	とくちょう
名前	とくちょう

(4) 北山丸太が売れなくなっているわけを２つ書きましょう。

(5) 北山丸太の組合では、北山丸太を多くの人に使ってもらえようにどのような工夫をしていますか。

2．ぼうグラフを見て問題に答えましょう。　（資料活用　各３点　計15点）

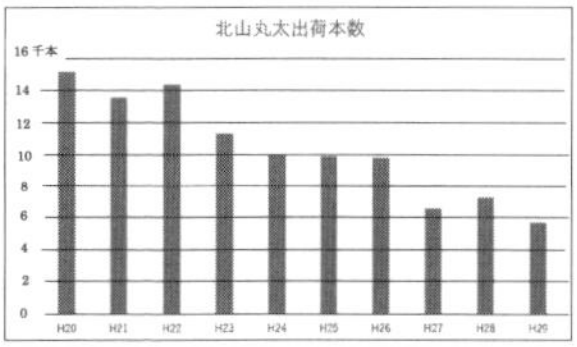
北山丸太出荷本数
16千本
14
12
10
8
6
4
2
0
H20
H21
H22
H23
H24
H25
H26
H27
H28
H29

(1) グラフの表題はなんですか。

(2) Ｈ２０（平成２０年）の北山丸太の出荷本数はやく何本ですか。

やく　　　　　本

(3) Ｈ２９（平成２９年）の北山丸太の出荷本数はやく何本ですか。

やく　　　　　本

(4) 北山丸太の出荷数は、Ｈ２０（平成２０年）からＨ２９（平成２９年）まで、やく何本へっていますか。ふえていますか。

やく　　　　　本　　　　　いる

3．ぼうグラフを見て問題に答えましょう。　（思考・判断　各３点　計15点）

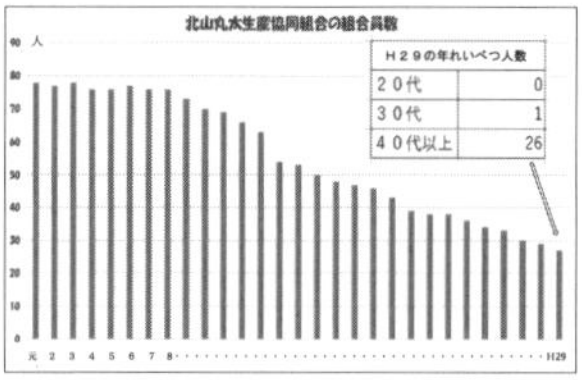
北山丸太生産協同組合の組合員数
90 人
80
70
60
50
40
30
20
10
0
元 2 3 4 5 6 7 8 ・・・ H29
Ｈ２９の年れいべつ人数
２０代 0
３０代 1
４０代以上 26

(1) グラフの表題はなんですか。

(2) 次の文が正しければ○を、まちがっていれば×を（　）に書きましょう。

（　　）組合員数は、平成８年あたりまであまり変化がなかった。

（　　）組合員数は全体的にへってきているが、平成29年にはふえた。

（　　）平成２９年の組合員の年れいは、２０代が一人もいない。

(3) 北山丸太をつくっている組合の人々のなやみは何でしょうか。
上のグラフを見て、考えられることを書きましょう。

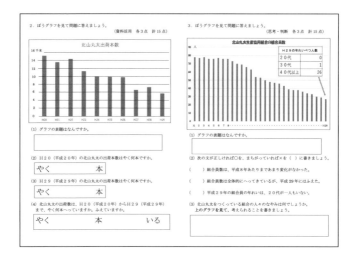

4．えだ打ちをしているしょく人さんの話を読んで問題に答えましょう。
（思考・判断　各３点　計 12 点）

この仕事をして30年いじょうになります。えだを切る仕事でむずかしいことが2つあります。1つは、どのえだを切ったらよいか見わけることです。2つめは、えだをスパッと切るわざです。そのために カマやナタの道具の手入れもいっしょうけんめいにやっています。2つの仕事がしっかりとできるようになるまでには5年かかります。

今は、この仕事をやっている人が少なくなりました。えだ打ちをする人の㋐年れいは、40さいから80さいと高くなってきています。また、この㋑仕事をついでくれるわかい人がいないのもなやみです。もしかすると、北山丸太ができなくなってしまう時がくるかもしれません。とても心配です。

600年つづいている北山丸太のよさを、京都市の人はもちろんのこと、全国の人にわかってもらえることがわたしのねがいです。

(1) えだ打ちの仕事はとてもむずかしいと言われ、しっかりできるまで５年はかかるそうです。なぜですか。

(2) 下線㋐と下線㋑のことを、それぞれ何といったらよいですか。
あてはまることばを考えて書きましょう。

㋐	問題
㋑	不足

(3) えだ打ちのしょく人が心配（しんぱい）していることを読んで、北山丸太がこれからもつくりつづけられるために、どうすればよいと考えますか。

5．下の図は京都市の 11 区をあらわしています。
アからエにあてはまる区は何区ですか。漢字で答えましょう。
（知識・理解　3点　計 18 点）

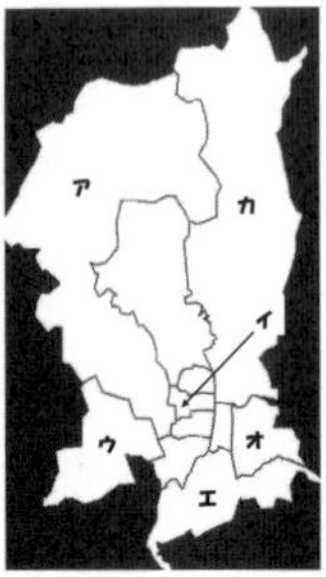

ア	エ
イ	オ
ウ	カ

6．①～⑩の地図記号やその意味をかきましょう。
（知識・理解　1点　計 10 点）

① 		⑥ 	
②	消防署《しょ》	⑦	ぜいむ署《しょ》
③	病院	⑧	寺院
④ 		⑨	神社
⑤	博《はく》物館	⑩	工場

第9章

授業のレシピづくりが もっと うまくなる 5の技

46

レシピづくりの手順を押さえる

最終章では、ここまで紹介してきた技を駆使して授業ができるように、授業のレシピを紹介します。レシピづくりの手順は以下の通りです。

❶授業のねらいを一文で表す

「本時の授業のねらいはズバリこれだ！」と、授業者が育てたい力を焦点化します。留意点は、「知識・技能」や「思考・判断・表現」といった観点の何を特に高めるのかをはっきりとねらいに練り込むことです。

❷ネタを見つけて教材化する

ねらいに迫る「おもしろい」「なぜだろう」「追究したい」というネタを見つけて教材化します。よいネタが先に見つかり、「あの授業に使えそうだ」というパターンもあります。

❸発問を考える

教材を通してねらいに迫る発問を考えます。全員参加のための「閉じた発問」やその子どもなりの見方・考え方を引き出す「開かれた発問」を考えていきます。

❹板書案をつくる

ねらいに迫る問いから解決まで、子どもたちの学びの道筋が見える板書案を基本レイアウトに従ってつくっていきます。

❺授業案をつくる

板書案の流れを授業案として文字に起こします。

私自身がこの手順で授業を実践してきた中で、手ごたえのあったものを次項から４つ紹介します。４つの授業を追試することで、教材づくりや資料提示、板書案づくりなどの技が有効に機能するか確かめてみてください。また、**先生方でよりよい手段を加え改善していってください。**そして、もっと授業がうまくなる50の技を、これからの「楽しく力がつく社会科授業づくり」に役立てていただけたら幸いです。

47

レシピづくりで授業の腕を磨く①
3年「湯たんぽが人々をすくう!」

❶授業のねらい

700年前から使っている湯入れ式「湯たんぽ」のよさに気づき、自分たちのくらしを見つめ直すことができる。

❸ネタの教材化

「700年間も使われ続けている道具『湯たんぽ』」

唐の時代にでき「湯婆」と言った。日本では室町時代から使われ、徳川綱吉は犬型の湯たんぽを使っていた。古くは陶器製で、大正以降金属製になったが、戦時中は金属が貴重で陶器製を使用。1990年代にプラスチック製が開発され、2000年代からはデザインや色が工夫され、2009年は省エネが注目されブームとなった。2012年は東日本大震災後に防災意識が高まり需要が伸びた。最近では、充電式湯たんぽが開発された。

保護者へのアンケート結果

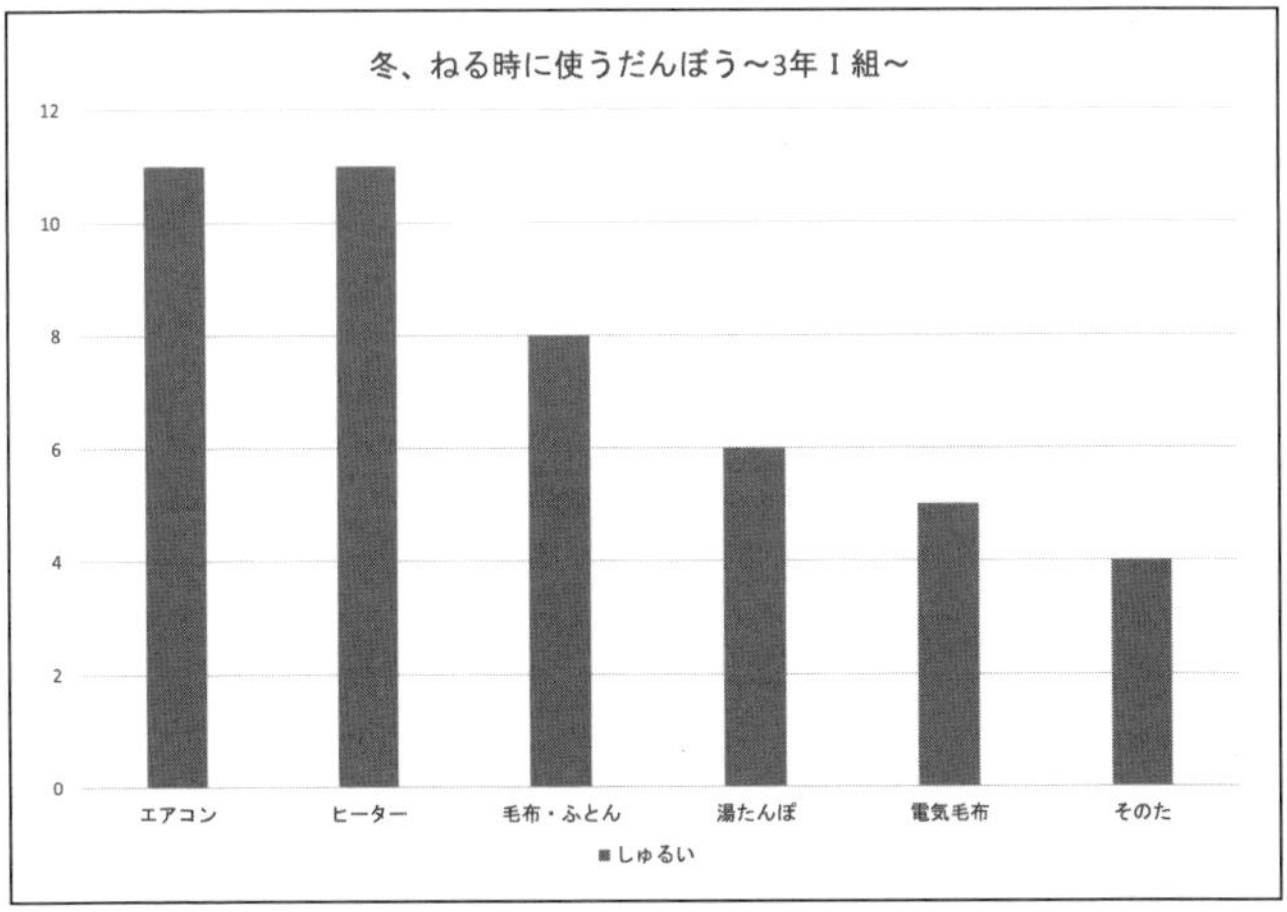

湯たんぽの出荷数の変化

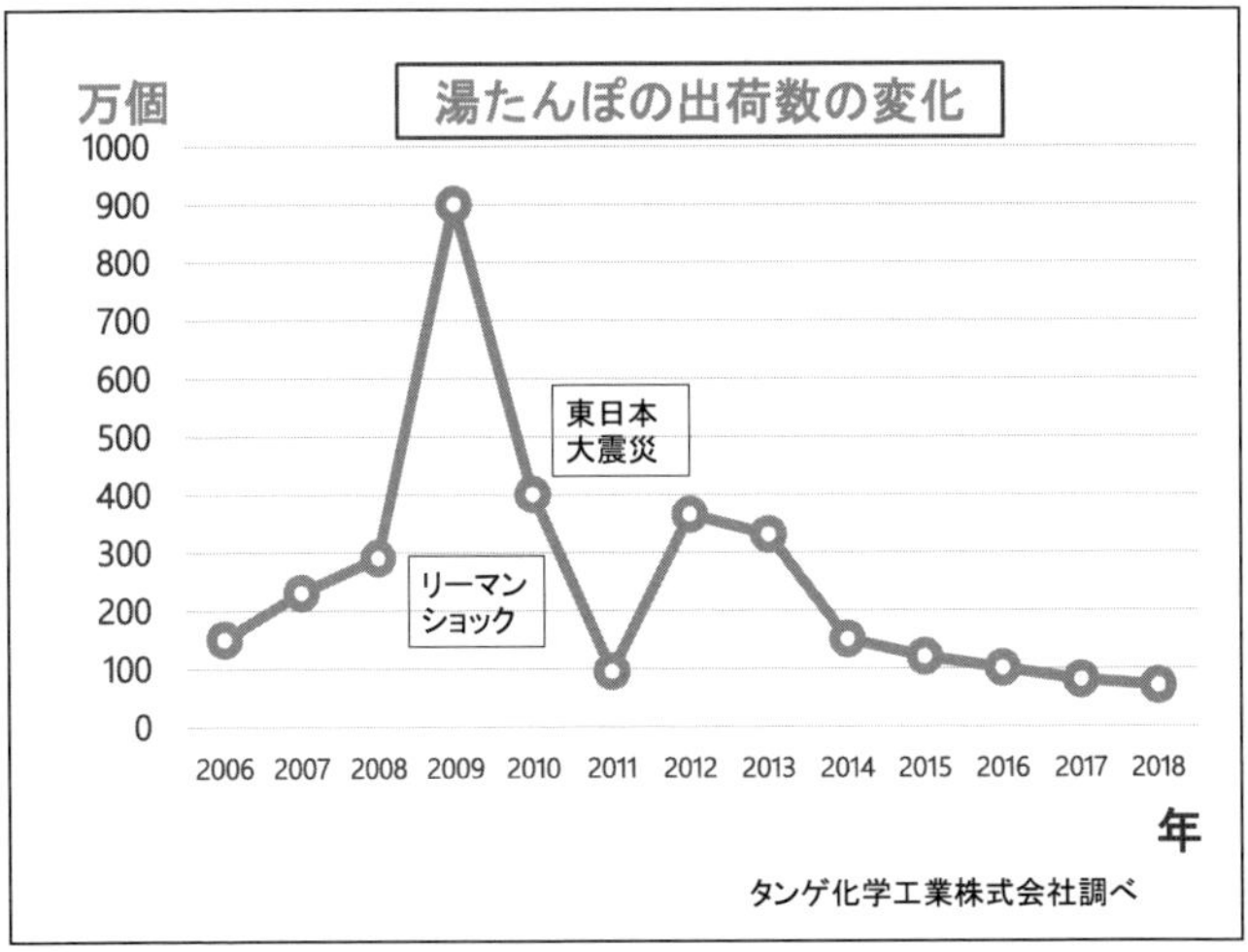

金属製の湯入れ式「湯たんぽ」を提示した後に「古い道具はもういらない？」と発問する。

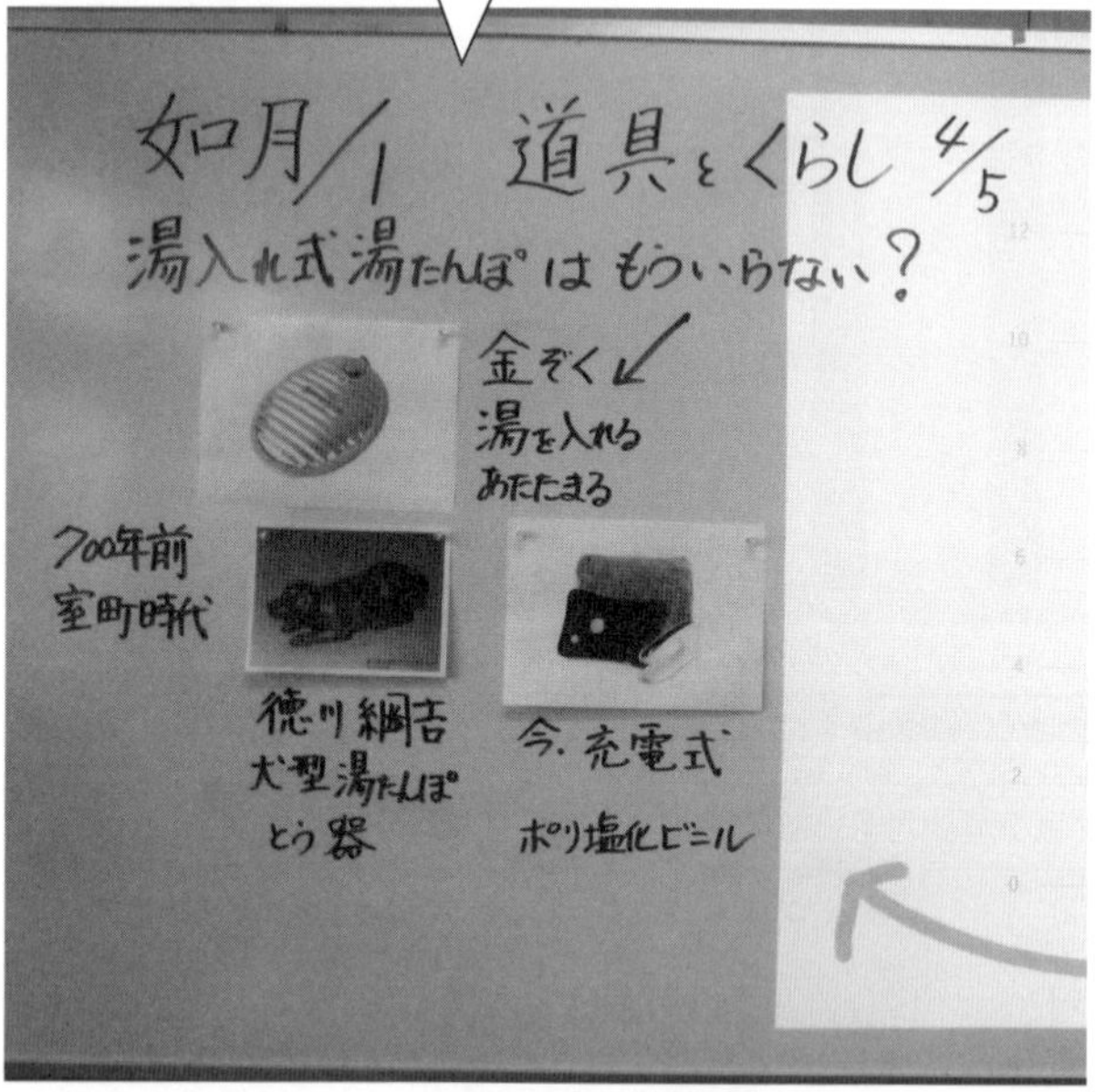

アンケート結果からは、充電式「湯たんぽ」の便利さが伺える。この結果を問いづくりにつなげる。

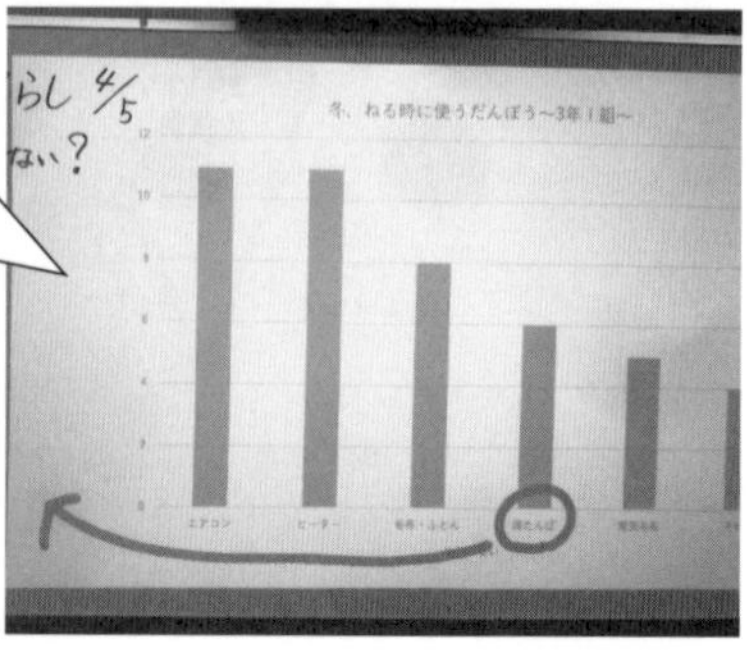

湯入れ式「湯たんぽ」の価値をグラフから考える

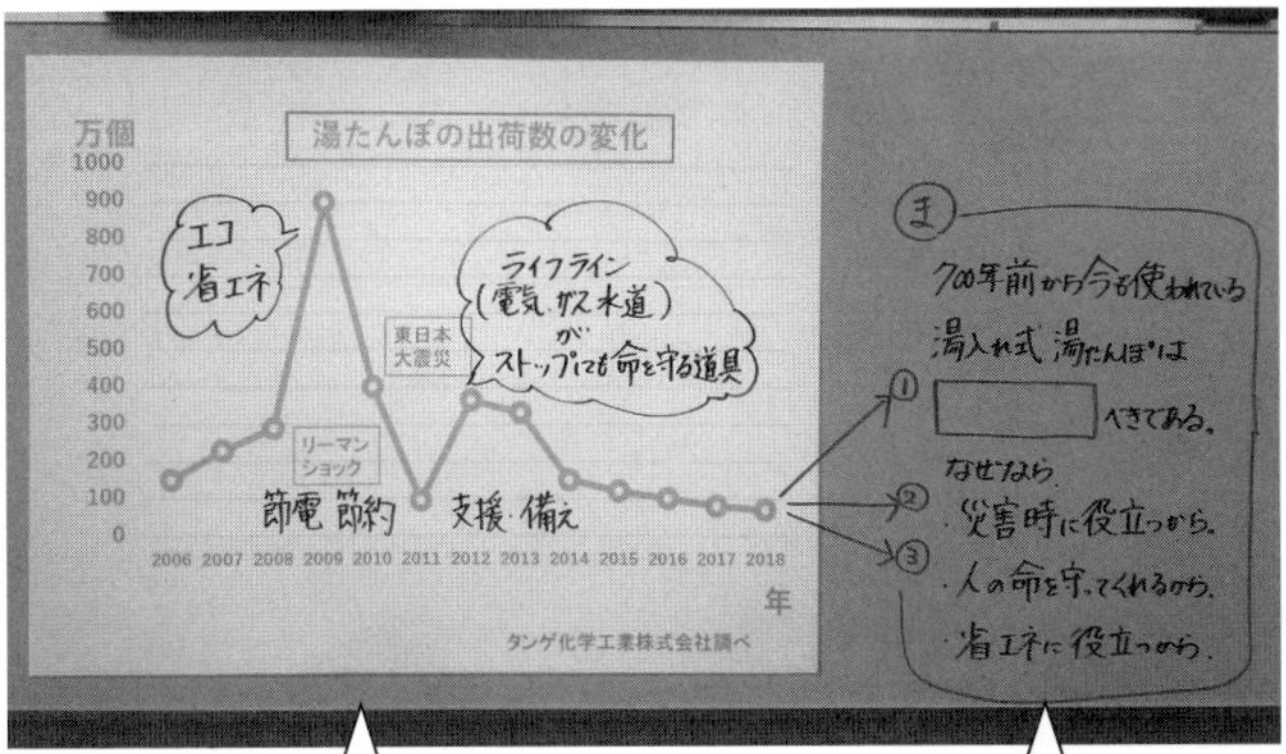

2009年、2012年に湯入れ式「湯たんぽ」がたくさん売れたのはなぜ？

湯入れ式「湯たんぽ」の数はどうなるのだろう？

完成板書案

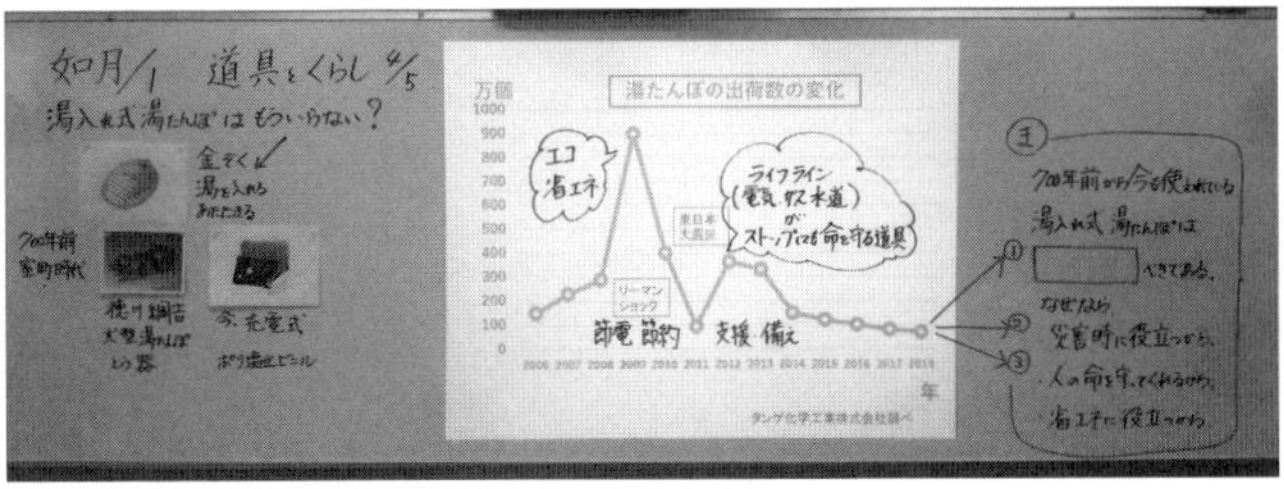

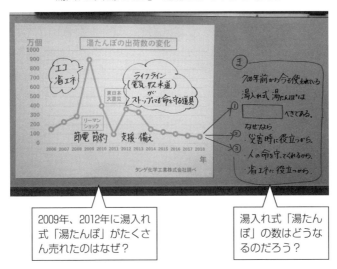

（1）目標

・700 年前から使っている湯入れ式「湯たんぽ」のよさに気付き，自分たちのくらしを見つめ直すことができる。

（2）本時の展開（45 分授業）

学習活動	教師の働きかけ
1．昔からの道具「湯たんぽ」を知る ・形や素材 ・使い方 ・効果 ・歴史　　など	○昔から使われている湯入れ式の「湯たんぽ」を提示し，子どもたちの認知度を確かめていく。 ○湯入れ式の「湯たんぽ」は室町時代に中国から伝わり日本で使われていることや徳川綱吉が愛用していた「犬型湯たんぽ」を紹介し，昔から使われてきている道具であることを学級全体で共有していく。
2．「湯たんぽ」使用の現状を見つめる ・学級における「湯たんぽ」の使用状況 ・便利な充電式「湯たんぽ」	○就寝時に使う冬の暖房器具の保護者アンケート結果を提示し，「湯たんぽ」を使っている家族があることに気付かせていく。 ○現在のライフスタイルに合わせた充電式「湯たんぽ」を使っている子どもの感想から，その便利さを強調し本時の問いにつなげていく。 湯入れ式「湯たんぽ」はもういらない？
3．湯入れ式「湯たんぽ」出荷数のグラフを読み取り話し合う ・リーマンショック時の出荷数の変化 ・東日本大震災時の出荷数の変化	○2008 年のリーマンショックによる世界的な不景気によって「湯たんぽ」が驚異的に売れた事実を見つめ考えさせることで省エネに役立つことに気付かせていく。 ○2012 年の出荷数の増加について東日本大震災による事象から，電気，ガス，水道のライフラインがストップしても暖をとれる「湯たんぽ」のよさに気付かせていく。また，震災支援をした湯たんぽ生産会社のエピソードを紹介していく。
4．「湯たんぽ」のよさを見直し，これからの自分たちのくらしを考える ・災害時に役立つ ・命を守る ・省エネになる など	○問いに対する答えを，「湯たんぽ」の今後の出荷数のグラフに書き表し，そのわけを整理する時間を確保する。 ○700 年前から日本で使われてきた湯入れ式「湯たんぽ」が，これから世の中でも人々の役に立つ道具であることを学級全体で共有しまとめとする。

48 レシピづくりで授業の腕を磨く②

５年「消火栓から日本の国土を見つめよう！」

❶授業のねらい

自分たちが住んでいる京都市（西日本）と新潟県（日本海側）や北海道（北国）の消火栓の形や色の違いから、国土の自然環境と生活の様子に関心を高める。

❷ネタの教材化

新潟県上越市にある多雪型の地上式消火栓は、高さが２ｍあります。それを塩化ビニル管で製作しました。

消火栓の形から全国の気候に目を向ける

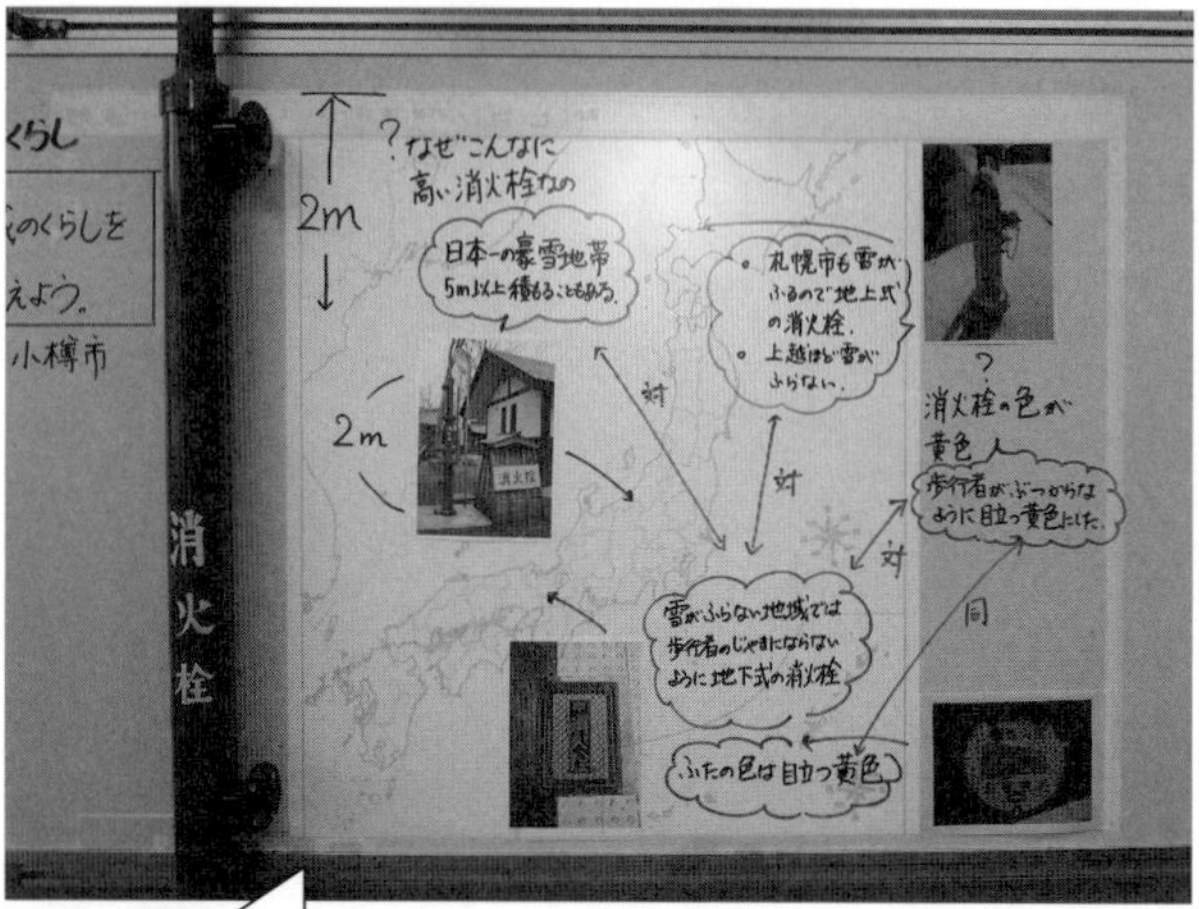

雪が多いところの消火栓はどのように
なっているのだろう？

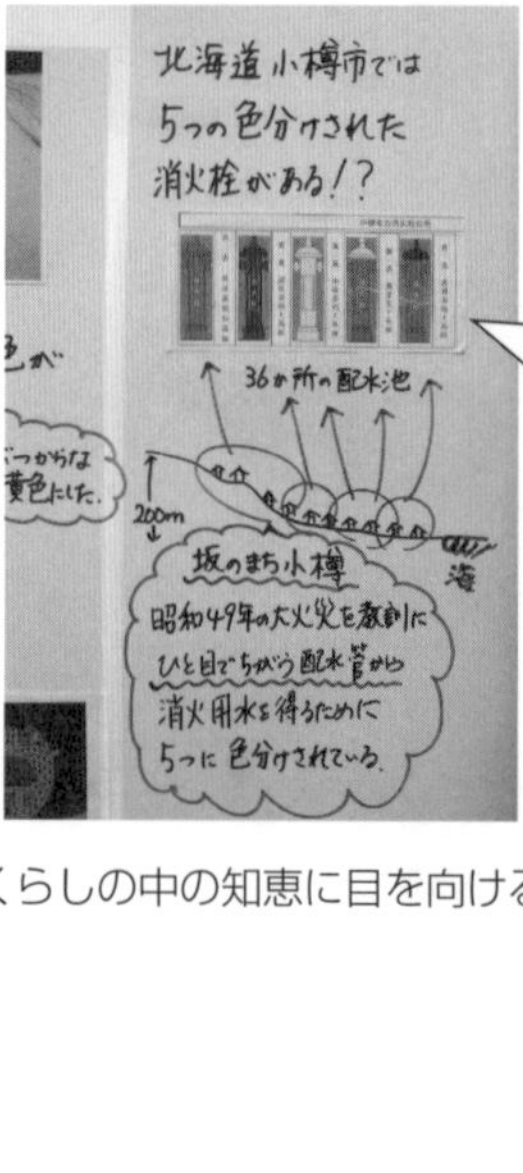

５色に色分け
しているのは
なぜだろう？

くらしの中の知恵に目を向ける

（１）目標

・自分たちが住んでいる京都市（西日本）と新潟県（日本海側）北海道（北国）の消火栓の形や色のちがいから国土の自然環境と生活の様子に関心を高めることができる。

（２）本時の展開（90 分授業）

学　習　活　動	教　師　の　働　き　か　け
１．通学路の地下式消火栓（京都市）と雪国の写真を見て問いをつくる ①　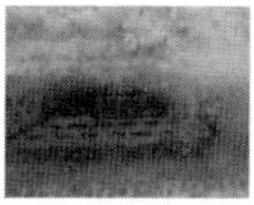 ②　	○京都市でもまれに積雪がある。その際に写した通学路の消火栓の写真①を提示する。その後、雪国の写真を提示し「こんなに雪が降ったら消火栓がどこにあるかわからない」という声をひろい問いづくりにつなげていく。 ［雪が多い所の消火栓はどのようになっているのだろうか？］
２．上越市の地上式消火栓を見て、多雪地帯でくらす人々の知恵を考える ・長さ２ｍ ・消火栓の高さを超える3mの表示板  	○上越市の位置を日本地図で確認してから製作した2mの地上式消火栓を提示する。 ○1mの積雪があっても２ｍの高さにある消火栓の送水口がかくれないことから、雪国の人々くらしを守る知恵について考える。 ○上越市では２ｍを超える豪雪の年があることを写真やデータで示したうえで、上越市内の消火栓の写真を提示する。長さ３ｍの表示板が付属してあることに気付かせていく。
３．北海道札幌市と小樽市の消火栓を見て、国土の自然環境に関心を高める 札幌市 ・長さ1m ・黄色 小樽市 ・長さ1m ・５色の色分け ４．日本の国土の自然環境の特色やそれを活かした人々の生活に関心を高める ・日本一の豪雪地帯の人々のくらし ・坂道のまち小樽市の人々のくらし など	○日本地図を示し、北海道札幌市の位置を確認する。 ○北海道札幌市の消火栓を予想させる。上越市よりも長い消火栓や表示板があるのではないかという予想とは裏腹に、1mの黄色い消火栓の写真を提示していく。そこから自然環境に関する問い「なぜ札幌は上越よりも雪が少ないのか」「なぜ黄色なのか」などを引き出していく。 ○地形に着目させる消火栓ネタとして、小樽市の５色消火栓を提示していく。坂のまちとして知られる小樽市に住む人々の安全なくらしを守る知恵を消火栓から考えさせていく。

49

レシピづくりで授業の腕を磨く③

5年「割り箸の使用は森林破壊？」

❶授業のねらい

「割り箸工場数の変化」「森林蓄積量の変化」の資料を基に、国産割り箸の使用は森林保護につながることを理解する。

❷ネタの教材化

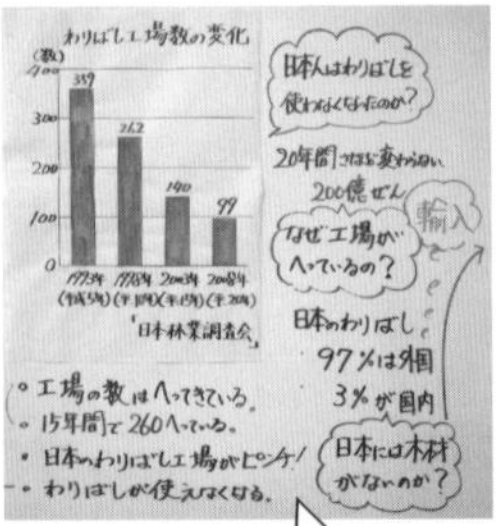

2014年の授業時に今後を予想した森林蓄積量（人工林）は、2019年には33億に増えています。減っていません。（森林・林業学習館データより）

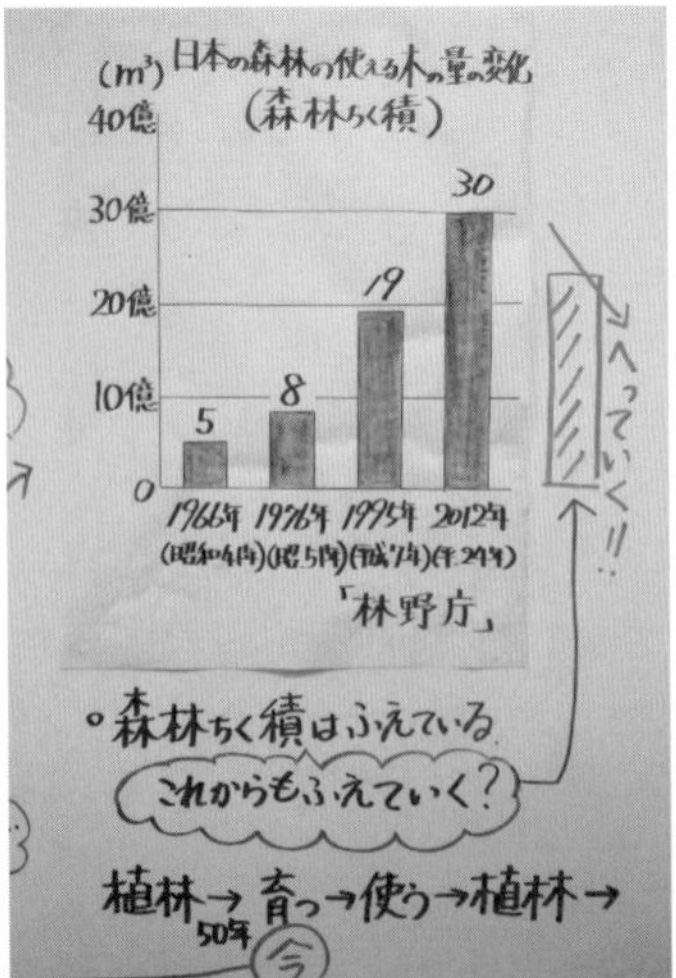

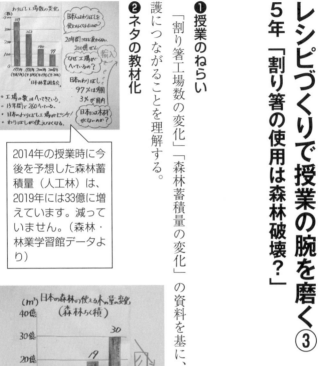

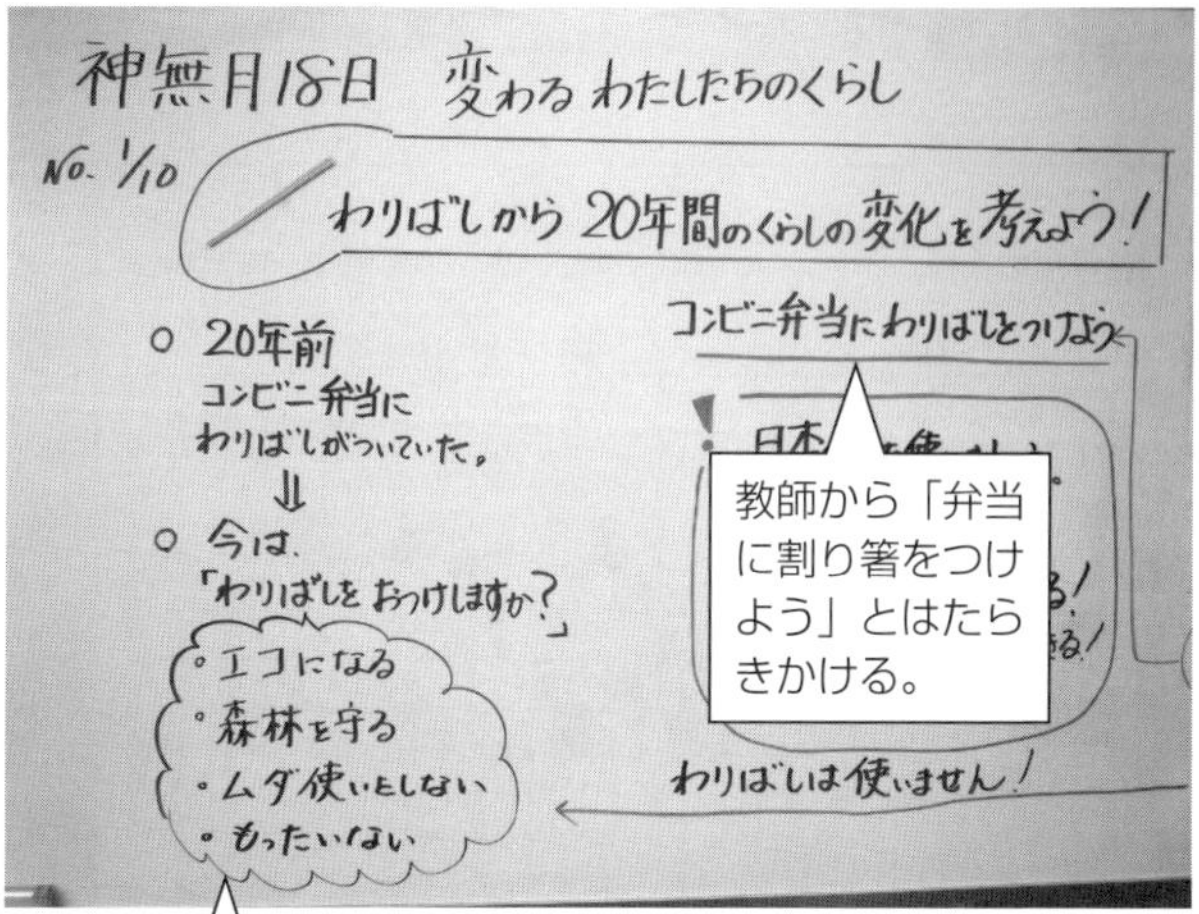

教師から「弁当に割り箸をつけよう」とはたらきかける。

「割り箸を使わない」と答える子どもたちの理由を予想する。

日本の木は余っているのではないか？

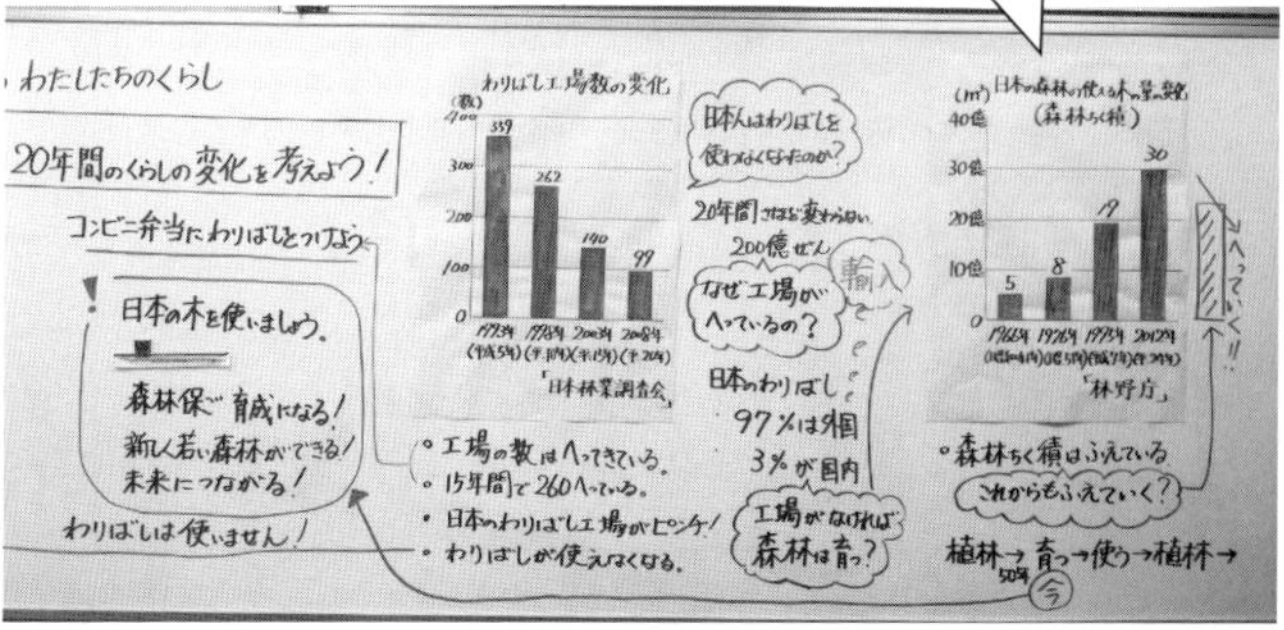

完成板書案

（1）**目標**

・「割り箸工場数の変化」「森林蓄積量の変化」の資料をもとに、国産割り箸の使用は森林保護につながることを理解できる。

（2）**本時の展開（45 分授業）**

学　習　活　動	教　師　の　働　き　か　け
1．20 年前のコンビニ弁当は、割り箸がついてきた事実を知る	○20 年前の割り箸が付属されたコンビニ弁当を提示する。今は、割り箸の有無をレジで尋ねられるようになったのは、くらしの何が変わってきたのか問いかけていく。
2．コンビニ弁当に割り箸を付けるべきかどうかの意見を交流する ＜賛成派＞ ・便利　・必需品 ＜反対派＞ ・エコロジー　・森林破壊　・無駄づかい	割り箸をコンビニ弁当につけよう！ ○割り箸を付けるべきかどうかの理由をノートに記述させる。子ども一人ひとりの考えを表出させ、問題意識を高める。 反対派が多数を占めると予想される。
3．二つのグラフから「割り箸」の生産の現状と森林保護・育成を考える ＜割り箸工場数の変化＞ ・15 年間で 260 の工場がなくなる。 ・割り箸工場は今後も減る？　など ＜日本の森林蓄積量（人工林）の変化＞ ・森林蓄積は年々増えている。今後は？ ・割り箸工場をなくすことが森林を守る？　など ＜補助資料＞ 荒廃した森林と間伐された森林の写真 ・放置され荒廃した森林 ・間伐された健康的な森林	○割り箸工場の減少と日本の森林蓄積量の増加の関係から、割り箸工場減少が森林保護育成になっていると考えることが予想される。そこで、現在の蓄積された日本の森林が手入れや消費がされず荒廃している様子を写真で紹介していく。 ○工場の減少にもかかわらず、割り箸消費量は変化していない事実から安価な割り箸の輸入の現状に触れ、先の森林荒廃に結び付け考えさせていく。 ○割り箸の原材料は廃材が主である。廃材を使用することは、森林伐採による循環作用をもたらすことに気付かせていく。
4．東日本大震災後も森林再生のために割り箸をつくり続ける会社を知り、日本の森林のこれからをみつめる。 ・被災県の杉からつくった「希望のかけ箸」 ・国産割り箸の使用を推進	○福島県いわき市の株式会社「磐城高箸」は震災後に岩手、宮城、福島の杉材を使い「希望のかけ箸」づくりで森林再生に取り組んでいることを新聞記事（読売 2019/09/12）や『証言記録　東日本大震災』に磐城高箸」（NHK2015/06/24）の番組放送から紹介する。 ○国産のわり箸を使うことと日本の森林保護の関係をノートにまとめさせる。

50 レシピづくりで授業の腕を磨く④ ６年「薩摩藩と昆布ロード」

❶授業のねらい

薩摩藩が「昆布」に目をつけて財政の立て直しを図った知恵について考える。

❷ネタの教材化

『こんぶロードの旅』（フジッコ食育まんが劇場監修）を読んだことが教材化のきっかけです。北海道の昆布が松前藩より北前船にて大阪に運ばれていることに目をつけた薩摩藩が、寄港地である富山藩と手を結び、中国（清）と密貿易をしました。富山からの昆布を琉球経由で清へ運び、清から種薬を薩摩、富山へという「昆布ロード」ができたのです。薩摩藩は、幕末に５００万両もの借金がありましたが、この密貿易にて借金を返済するばかりか、財政回復にて藩の体制を近代化し倒幕へと進んだのです。琉球口は、幕府によって認められていた港でしたが、昆布にやられるとは考えていなかったことでしょう。

沖縄で昆布が食べられるわけ

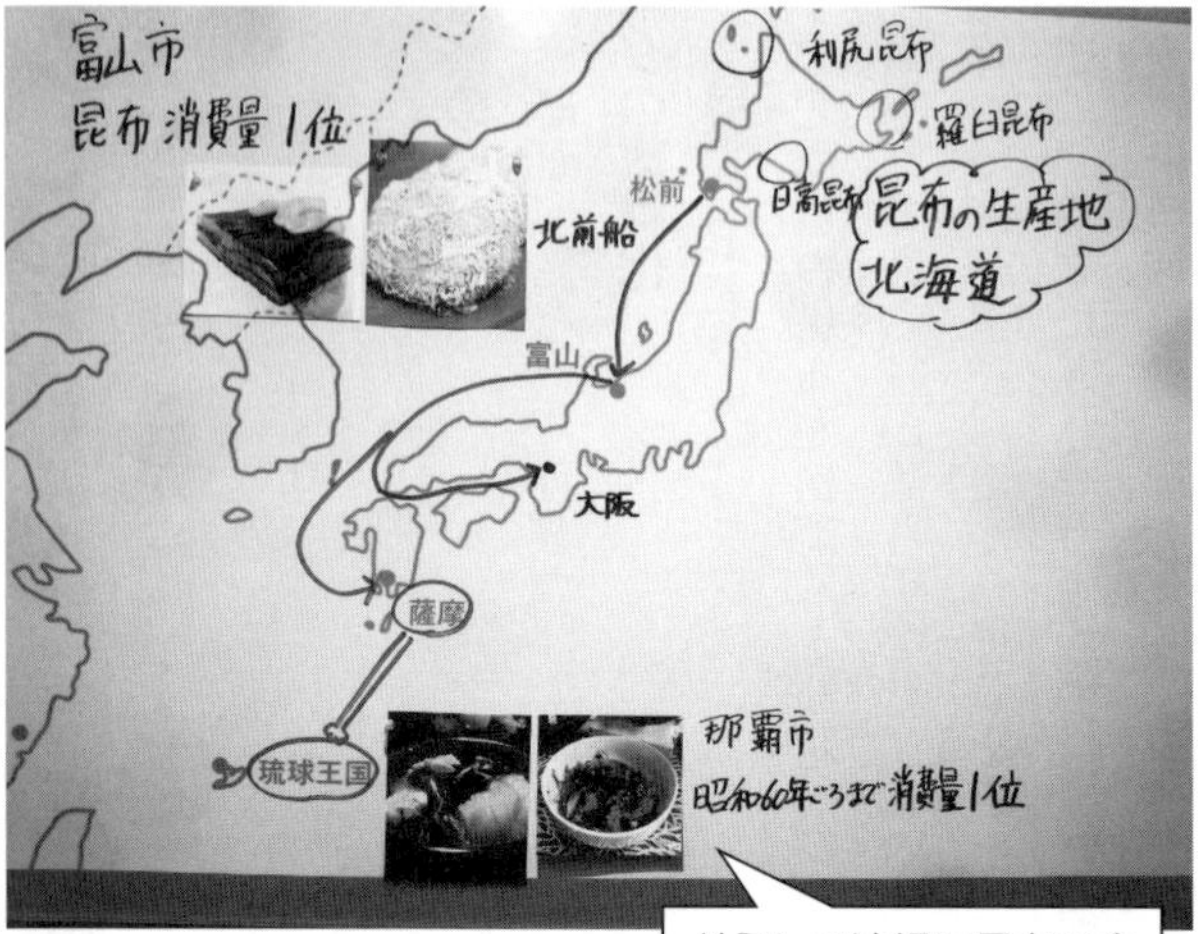

どうして沖縄に昆布の食文化があるのだろう？

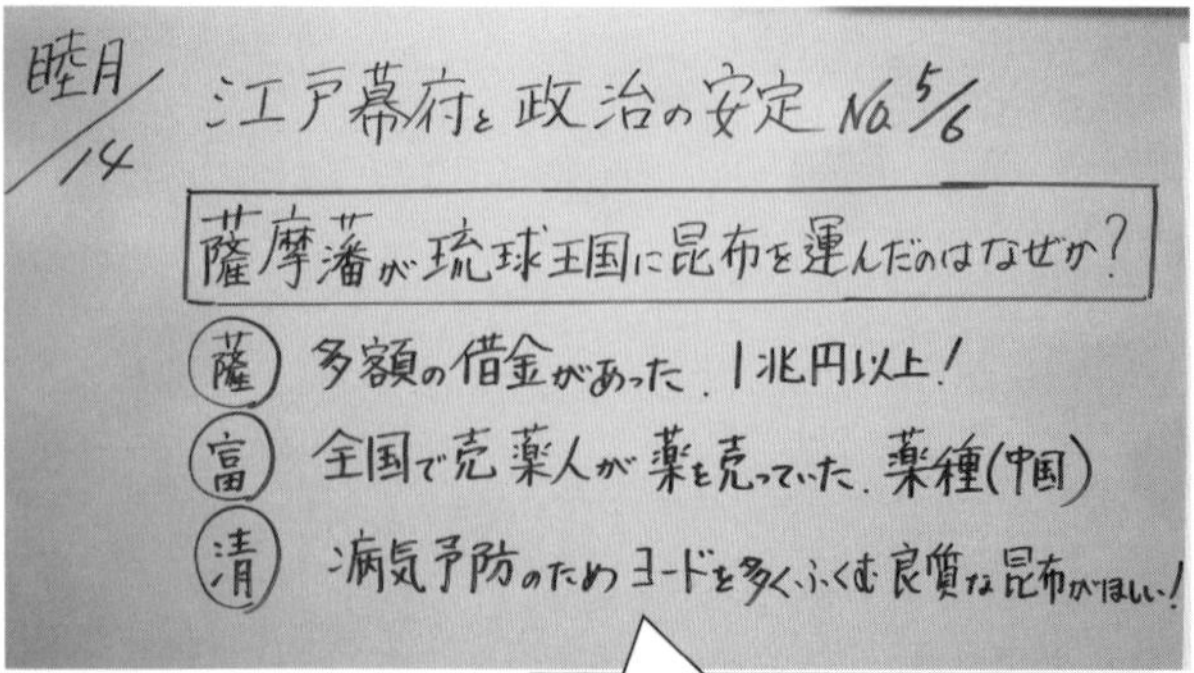

薩摩藩、富山藩、清国の現状と願いを基に予想してみよう。

昆布ロードから薩摩藩の知恵を考える

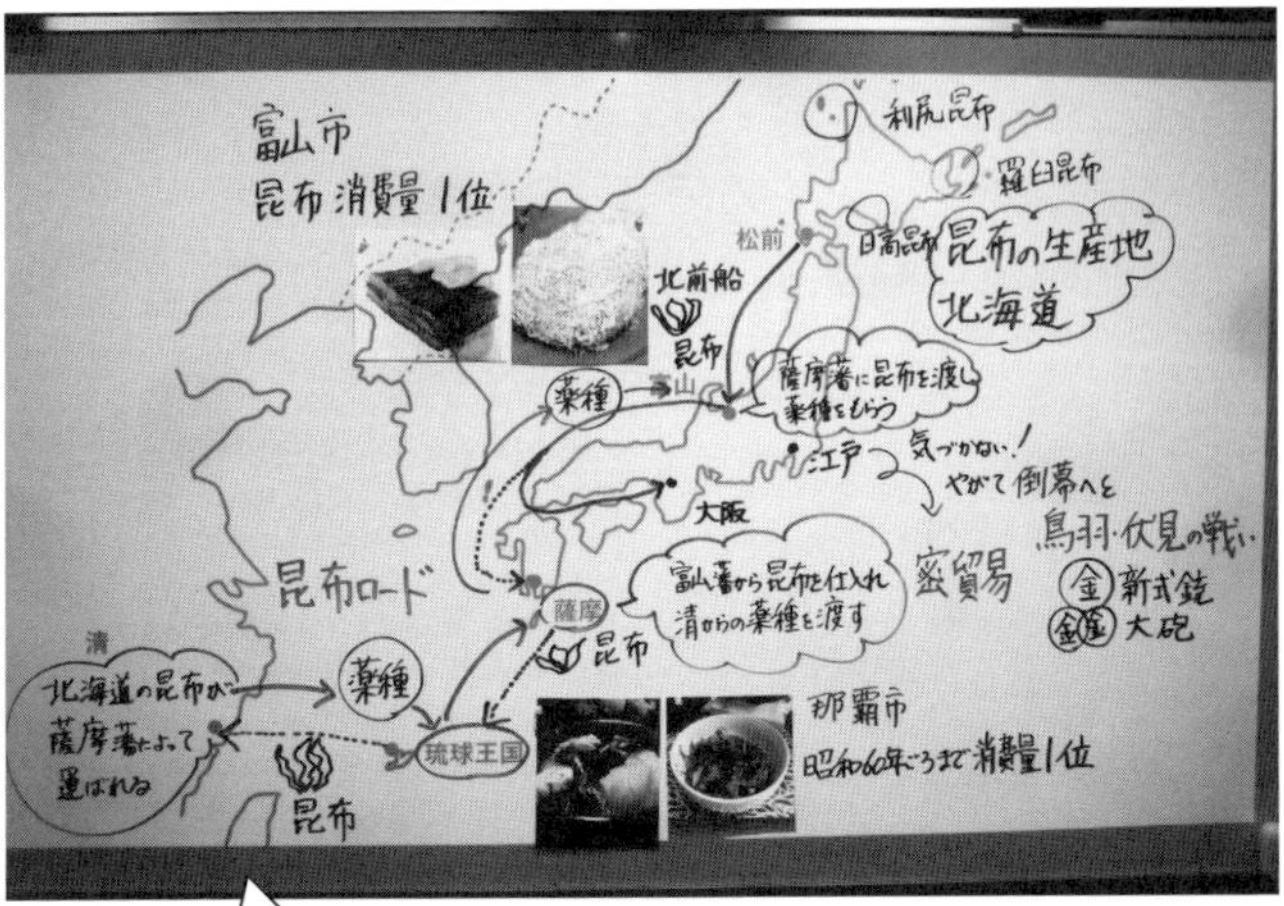

薩摩藩、富山藩、清国にとっての
メリットは何だろう？

薩摩藩の賢い戦略とは
何だったのだろう？
その後の鹿児島藩は？

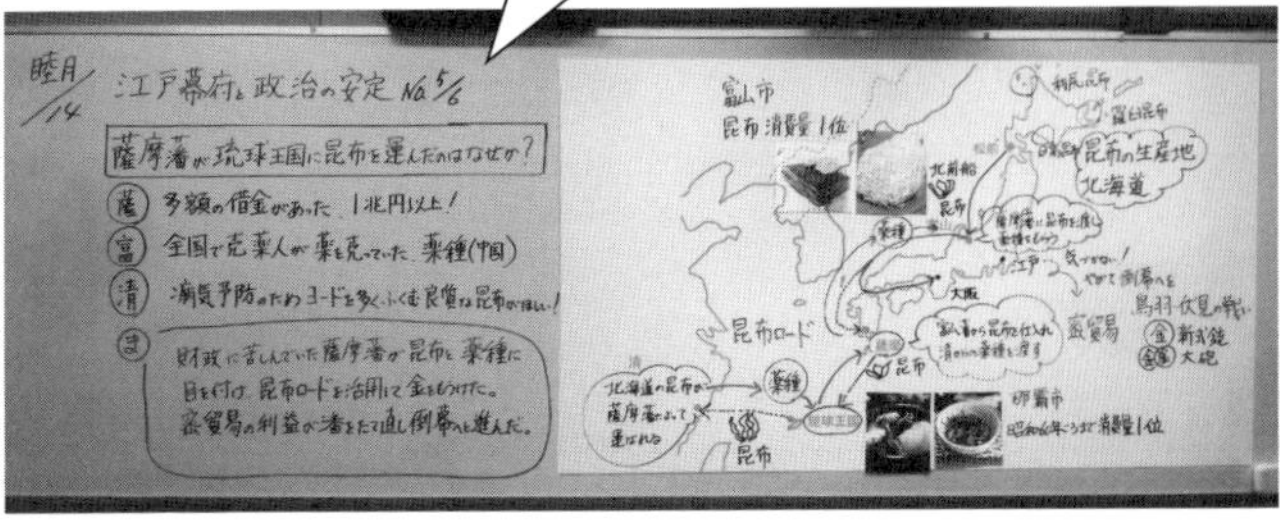

完成板書案

（1）目標

・薩摩藩が「昆布」に目を付けて、財政の立て直しを図った知恵について考える。

（2）本時の展開（45分授業）

学　習　活　動	教　師　の　働　き　か　け
1．昆布が採れない富山県と沖縄県で消費量が多いことを知り、問いをつくる ・富山のとろろ昆布おにぎり ・沖縄の郷土料理クーブイリチー ・昭和60年ごろまでは那覇市が消費量1位 ・現在は富山市が消費量単独1位 など	○昆布の産地が北海道であるにもかかわらず、昆布が採れない富山県や沖縄県で昆布の食文化が根付いていることを紹介する。 ○江戸時代に北前航路で北海道から大阪まで昆布を運んでいたことを地図で提示する。その際、富山が寄港地であったことを示し、昆布との関係性に気付かせていく。 ○江戸時代の沖縄は琉球王国といって薩摩藩が管理していたことを知らせる。薩摩藩と昆布の関係が見えてこないことから問いづくりをする。 ［薩摩藩が琉球王国に昆布を運んだのはなぜか？］
2．以下の条件をもとに薩摩藩が「昆布」に目を付けたわけについて予想し、話し合う ・多額の借金をかかえていた薩摩藩は、金儲けがしたかった ・薬種がほしい富山藩は、安く仕入れたかった ・昆布がほしい中国（清）は、安く上質な昆布がほしかった	○3つの条件を提示し予想させる。 ・幕末における薩摩藩の負債額は1兆円を超えていたこと ・富山の売薬人は全国に薬を売り歩いて安い薬種が欲しかったこと ・中国（清）は薬種を長崎（出島）に輸出し昆布を輸入していたこと ○松前、富山、薩摩、琉球王国、中国（清）の5つを位置づけた地図をもとに、「昆布ロード」の道筋をつかませていく。
3．薩摩藩の知恵が倒幕につながることを知る ・幕府に知られないように清との貿易で財政難を克服した ・海外の情報や技術を取り入れ造船や製鉄などの近代化を図っていった	○昆布で財政を立て直した薩摩藩が「鳥羽・伏見の戦い」で旧幕府軍に勝利をおさめ新政府づくりにすすんでいく歴史的事象を紹介する。 ・薩長連合軍5000人が約3倍の兵力があった旧幕府軍に勝利したこと ・貿易の利益で新式銃や大砲など最新の兵器を大量にそろえ圧倒的な戦力の差で勝利したこと

おわりに

『小学校社会の授業づくり　はじめの一歩』に続き、本書『社会の授業がもっとうまくなる50の技』を執筆させていただけたことを幸せに感じています。明治図書出版の矢口郁雄氏に、心から感謝を申し上げます。ありがとうございました。

32年前に、福島県会津若松市立謹教小学校を振り出しに始まった学級担任の道が、京都の立命館小学校まで途切れることなく続いてきました。学級担任は、目の前の子ども一人ひとりを全人格的に捉え、授業を通して育てることが使命だと考えます。私の場合は、授業の中核が社会科です。社会科に熱くこだわり、修業の時計の針を止めずに歩み続けてきたからこそ、今回の出版が叶ったのだと思います。

しかし、時計の針が止まりそうなときは数えきれずありました。そのときは、今はもう他界されているお二人の先生を想い、針を動かします。

その一人は、福島大学教育学部附属小学校に一緒に着任した、南会津出身の星英介先生です。

彼は私よりも1歳年下でした。子どもたちに真摯に向き合い、社会科と浜田省吾のJ.Boyが大好きな先生でした。そんな彼が附属小勤務2年目の夏に亡くなられました。私は、子どもたちと社会科を愛した彼の意志を受け継いで修業に励みました。拙著には、子どもと社会科授業に込める愛を、彼の力を借りて執筆させていただきました。

もう一人は、有田和正先生です。

筑波大附属小学校で有田先生と一緒に勤務された鵜沼秀雅先生の橋渡しがあって、有田先生とのご縁をいただきました。

有田先生に最初に観ていただいた授業が「ビール一杯30万円」でした。

「きみ、おもしろいね。一緒に30万のビールを飲みに行こうか？　当然君のおごりだよ」

と、授業後に笑顔でユーモアたっぷりに声をかけていただいたことが忘れられません。

手帳を携帯し、「はてな?」をいつでも書き留める有田先生の追究魂とユーモアのセンスをまねながら「いつかは有田授業を…」と、修業を続け、身につけてきた技を拙著で紹介しました。

私の修業の時計の針は、これからも動き続けます。

2020年6月

柳沼　孝一

【著者紹介】

柳沼　孝一（やぎぬま　こういち）

1966年福島県生まれ

上越教育大学学校教育学部卒業

会津若松市謹教小学校（1988年～）

猪苗代町立市沢小学校（1990年～）

喜多方市立松山小学校（1993年～）

福島大学附属小学校（1997年～）

2008年より立命館小学校

福島大学附属小学校勤務時に有田和正氏との出会いがあり、自身の子ども観、教材観、指導観を問い直す。

現在、京都の地にて31回目の学級担任（３年Ｔ組30名）。

著書に、『授業の工夫がひと目でわかる！　小学校社会科板書モデル60』（単著、明治図書）、『小学校社会の授業づくり　はじめの一歩』（単著、明治図書）、『授業で育てる学級経営　「深い学び」に誘う教室づくり』（共著、明治図書）

社会の授業がもっとうまくなる50の技

2020年７月初版第１刷刊　Ⓒ著　者　柳　沼　孝　一

発行者　藤　原　光　政

発行所　明治図書出版株式会社

http://www.meijitosho.co.jp

（企画）矢口郁雄（校正）大内奈々子

〒114-0023　東京都北区滝野川7-46-1

振替00160-5-151318　電話03(5907)6701

ご注文窓口　電話03(5907)6668

＊検印省略　組版所　長野印刷商工株式会社

Printed in Japan　ISBN978-4-18-273416-8

もれなくクーポンがもらえる！読者アンケートはこちらから
→